성공한 사람들은
왜 격무에도
스트레스가 없을까

CEO의 서재 · 18

정신과 의사가 밝혀낸 일류들의 비결

성공한 사람들은 왜 격무에도 스트레스가 없을까

Why aren't successful people stressed out by working hard?

니시와키 슌지 지음 박재영 옮김

센시오

●

일류들만 갖고 있는 스트레스 제로 비결

성공한 사람을 성공으로 이끈 가장 중요한 요인은 무엇일까? 내가 정신과 전문의의 시선으로 수많은 사업가를 봐오며 내린 결론은 '스트레스를 쌓아두지 않는다'라는 점이다.

특히 단순한 부자가 아니라 인생을 즐기고 결실을 이뤄내며 주위 사람들도 따르는 '일류'들에게서는 남보다 성과를 배로 올리느라 보통 사람과 달리 높은 장벽에 맞서 싸워왔을 텐데도 피로나 스트레스가 느껴지지 않았다. 오히려 그들은 대체로 건강하고 붙임성도 좋으며 늘 적극적이고 실패에도 웃어넘겼다. 많은 사람이 온갖 스트레스로 고민하는 요즘 그렇게 행동할 수 있는 비결은 무엇일까? 의사로서 매우 흥미로웠다.

그리고 오랜 세월 유심히 살펴본 결과 그들의 '생활 습관' 속에서 그 해답을 찾아냈다. 성공한 사람도 인간이다. 몸을 혹사하면 피곤해지고 정신적으로 힘든 날도 당연히 있다. 하지만 일류는 식습관, 수면 방법, 사고방식 등 생활 습관을 다양하게 연구해서 몸과 마음에 생기는 스트레스를 능숙하게 떨쳐냈다. 몸과 마음을 스트레스에서 벗어나 늘 기분 좋게 도전할 수 있는 상태로 조절한 것이다.

'그럼 스트레스를 쌓아두지 않는 일류의 생활 습관을 흉내 내면 되지 않을까?' 여기까지는 누구나 생각할 것이다. 그런데 대부분의 사람은 실천하지 못한다. 왜냐하면 그들의 방식이 '평범하지 않고 이상해' 보이기 때문이다.

하지만 곰곰이 생각해보자. '성공하고 싶다'는 말은 그 자체가 '평범하지 않은 이상한 결과를 원한다'라는 뜻과 같다. 이상한 결과를 원한다면 이상한 일을 해야 한다. 평범한 일만 해서는 당연히 평범한 결과만 얻을 수 있지 않겠는가? 성공한 사람은 '이상해 보이는 일'을 열심히 해온 사람이다.

내가 의학계에서 전혀 관심을 끌지 못하는 대체의학 요법을 환자에게 도움이 된다고 확신하며 계속 이용해온 것도 성공한 사람의 마음가짐과 습관을 철저히 배워왔기 때문이다. 대체의학은 간단하게 말하자면 기존 현대 의학의 처방 대신 다양한 자연요법을 이용해 병을 치료하는 방법을 연구하고 임상적으로 적용하는 의학을 말한다. 이 책에서는 내가 의사로서, 또 성공을 바라는 사업가로서 지금까지 만나온 수많은 성공한 사람에게 배워 최대한 실천하고 검증한 방법들을 소개하고자 한다.

자기소개가 늦었는데 나는 당 끊기를 통한 체질 개선과 비타민C를 이용한 암 치료, 인도의 전승의학인 아유르베다 등 대체의학을 전문으로 하는 클리닉에서 원장을 맡고 있다. 이런 당 끊기는 환자에게만 적용한 것이 아니라 나 스스로도 실천했는데, 나는 당을 끊음으로써 체중을 17킬로그램 감량하는 데 성공했다. 무슨 일이든 직접 시도해보고 효과를 봤다면, 그 방법을 다른 사람들에게 알려주는 것이 중요하다고 생각한다.

그래서 이 책에는 성공한 사람을 따라 내가 실천한 사례도 들어가 있다. 어려서부터 가난했던 나는 지금 클리닉을 운영하고 다양한 취미를 즐길 만한 여유까지 생겼다. 그러니 이 책에서 말하는 성공한 사람들의 습관 가운데 '설마?' 하는 생각이 드는 것이 있더라도 속는 셈 치고 실천해보길 권한다. 나는 내 본업인 정신과 전문의라는 특성을 살려 성공한 사람들의 기묘해 보이는 습관과 성공이나 행복을 좀처럼 실현하지 못하는 사람들의 습관을 정신의학적 지식을 토대로 설명했다.

이 책이 여러분을 '성공'으로 이끌고 '행복한 인생'을 시작할 계기가 된다면 더할 나위 없이 기쁠 것이다. 성공한 사람들의 스트레스를 쌓아두지 않는 습관을 생활에 도입해 여러분의 인생이 더욱더 풍요로워지기를 진심으로 바란다.

contents

PART 2 성공한 사람들은 무엇을 먹길래 스트레스가 없을까?

PART 3 성공한 사람들은 어떻게 생각하길래 스트레스가 없을까?

PART
4

성공을 다음 성공으로 연결하기 위한 습관들

돈을 벌고 싶을 때
운동부터 해야 하는 이유

#적절한 운동 #제2영역

1 수입과 건강의 관계

Whether you succeed or fail depends on your lifestyle.

성공하느냐 실패하느냐는 '생활 습관'이 결정한다. 그 단적인 예로 먼저 운동의 효능을 소개하겠다.

일본 후생노동성을 비롯해 경제 전문 잡지와 각종 사이트에 이르기까지 수많은 기관에서 '연봉과 운동의 상관관계'를 조사했는데, 모두 같은 결과가 나왔다. 대상자 수와 연봉은 각각 달라도 결과는 같았던 것이다. 바로 '연봉이 높은 사람은 연봉이 낮은 사람보다 일상적으로 운동하는 습관이 배어 있다'는 것이다.

이런 조사 결과에 대해 사람들이 보인 반응은 비슷하다. '운동을 해서 연봉이 오르는 게 아니다. 연봉도 높고 여유도 있으니까 운동을 할 수 있는 것'이라고 반론을 제기하는 것이다. 이 반론도 일리는 있다.

그러나 나는 의사로서 그 반론 때문에 조사 결과를 무시하면 엄청난 손해를 보게 된다고 생각한다. 실제로 해보면 바로 알 수 있는데 일상적으로 운동을 한다는 것이 쉬운 일은 아니다. 몇 가지 요건을 채우지 못하면 도저히 해낼 수 없다. 그 요건이란 바로 '강한 목적의식', '시간', '지속하려는 노력'이다. 성공하든 못하든 일은 바쁘고, 수입이 많든 적든 의미 없는 일을 억지로 계속한다면 괴로운 일이 아닐 수 없다. 그래서 앞서 말한 세 가지 요건을 갖추어야 한다.

또한 이런 조건은 운동뿐 아니라 어떤 일을 할 때라도 '성공하려면 꼭 갖춰야 할 3대 요건'이기도 하다. 그러니까 다이어트나 자격증 시험 응시, 연애, 결혼 생활을 할 때도 필요하다는 말이다. 이렇게 보면 연봉이 높은 사람에게 운동하는 습관이 있을 확률이 더 높다는 조사 결과는 깊은 뜻이 있는 것처럼 느껴진다.

이야기가 옆길로 샜는데 의학적으로 운동의 효능은 명확하다. 적절한 운동, 즉 걷기나 조깅 등 '유산소운동'을 하면 베타·엔도르핀이라는 물질이 뇌에서 분비된다. 베타·엔도르핀에는 이른바 마약과 같은 효과가 있어서 유산소운동을 계속하다 보면 기분이 좋아진다. 이 베타·엔도르핀이 장거리 육상선수가 경험하는 '러너스하이(runners' high)'를 일으킨다. 쉬지 않고 달리면 괴로워지기는커녕 몸을 움직이는 것이 더욱더 즐거워져서 계속 달릴 수 있게 되는 것이다.

이 베타·엔도르핀은 일할 때도 긍정적으로 작용한다. 적절한 운동을 해서 베타·엔도르핀이 분비되면 일상의 고민이나 불안 등 스트레스에서 벗어나 매우 편안한 상태에 이르게 된다. 그럼 생각이 안정되어 최상의 몸 상태로 일에 임할 수 있다.

반대로 긴장할 때, 즉 교감신경이 우위일 때는 아무리 열심히 노력해봤자 좋은 생각이 떠오르지 않는다. 책상 앞에 앉았는데 앞이 막막할 때는 그 상태로 한 시간을 버티기보다 가볍게 조깅을 하는 편이 오히려 일도 잘 해결된다.

게다가 적절한 운동은 수면의 질을 높이는 효과도 있다. 잠을 잘 잤더니 일도 잘 풀렸던 경험을 해본 적이 있을 것이다. 숙면하면 건강 상태도 유지하기 쉬워서 여기저기가 아프다는 소리도 싹 사라진다.

한편 베타·엔도르핀은 당분을 섭취했을 때 분비되는 물질이기도 해서 사람들이 단것을 먹고 싶어 하는 이유이기도 하다. 그러나 유산소운동을 해서 베타·엔도르핀이 분비되면 단것을 먹고 싶은 욕구를 억제할 수 있다. 일에서 성공하고 싶다면 운동은 좋은 효과만 발휘한다는 것을 이해하자.

2 사람마다 요구되는 심박수가 다르다

It won't work if you are too light
or too heavy when you exercise.

하지만 운동은 너무 가볍거나 과하게 하면 효과가 없다. 유산소운동을 적정하게 하려면 올바른 지식이 있어야 한다. 나이에 따라 감당할 수 있는 적정 운동량이 다르므로 일괄적으로 '이 정도의 속도로 달려라'라고 할 수는 없다.

그럼 얼마만큼이 '적절한 운동'인지 어떻게 파악할까? 답은 달리는 속도가 아니라 달릴 때의 심장박동수(심박수)를 기준으로 삼는 것이다. 다음 방법을 참고하면 누구든지 쉽게 적정한 운동량을 계산할 수 있다.

• 건강을 증진하고 체중을 조절하기 위해 운동을 하는 것이라면 심박수가 최대 심박수의 60~70퍼센트가 되도록 하는 것이 가장 적절하다.

- 체력을 증강하고 스태미나를 북돋기 위해서라면 심박수가 최대 심박수의 70~85퍼센트가 되도록 하는 것이 가장 적절하다.

♥ 최대 심박수 = 220 − 자신의 나이

　적절한 유산소운동을 하려면 '체력과 스태미나 증진'을 목적으로 한 운동에서 요구하는 심박수로 달린다. 예를 들어, 서른다섯 살이라면 최대 심박수는 185(=220-35)로, 심박수가 그것의 70~85퍼센트에 해당하는 130~157이 될 정도로 운동해야 한다는 뜻이다.

　가장 효과적인 운동은 조깅이다. 처음 10분은 걷기로 준비운동을 하는 게 좋다. 평소에 걸을 때보다 보폭을 넓게 잡고 빠른 속도로 걷도록 주의한다. 그러고 나서 20분 이상 적절한 심박수가 나올 정도로 꾸준히 속도를 유지하면서 달린다. 부디 페이스를 지키며 달리는 데 신경 쓰자. 너무 편하거나 괴로워도 적절한 유산소운동이라고 할 수 없다. 달리는 속도가 너무 빠르면 땀이 줄줄 흐른다. 적절한 심박수를 유지하며 달리면 땀이 살짝 나더라도 숨이 차는 일은 없을 것이다.

　심박수뿐만 아니라 달리는 거리도 지키자. 몸이 운동에 익숙해지면 '날마다 마라톤 풀코스를 뛸 수 있을 것 같다'고 할 정도로 자신감이 생길지 모른다. 하지만 이때 의도적으로 '5킬로미터, 10킬로미터가 딱 좋다'라고 생각하자. 무슨 일이든 정도가 지나치면 몸에 독으로 작용한다. 올바른 지식을 토대로 자신의 적정량을 지켜야 한다. 무엇보다 무리하지 않고 꾸준히 하는 것이 중요하다.

적절한 유산소운동을 습관으로 들이면 베타·엔도르핀 효과로 몸을 움직이는 것이 즐겁게 느껴진다. 일주일에 두 번 이상 계속하면 불필요한 지방이 빠져서 늘씬한 몸매를 얻을 수 있다. 또 유산소운동을 3개월 이상 꾸준히 하면 손끝, 발끝 등 말초에 있는 모세혈관이 20배 이상 늘어나서 수족냉증이 개선되고 면역력도 향상된다.

3 마라톤 풀코스도 가뿐히 뛰는 방법

You can finish the marathon by running
with a proper heart rate.

앞에서 말했듯이 운동은 정도가 너무 가볍거나 과하면 효과가 없다. 적절한 심박수가 나올 정도로 달려야 체지방을 태울 수 있기 때문이다. 인간의 몸에는 지방이 충분히 저장되어 있다. 굶어 죽은 사람에게도 지방이 20킬로그램은 남아 있다고 하니 거의 무한한 연료라고 해도 좋을 정도다. 그 지방을 태운다면 얼마든지 달릴 수 있다.

스튜 미들맨(Stu Mittleman)이라는 사람을 아는가? 미들맨은 1,000마일(약 1,609킬로미터)을 11일 동안 달린 기록을 세운 인물이다. 계산해보면 하루에 마라톤 전 구간을 세 번씩 달린 것과 같다. 미들맨은 지방을 태우는 방법으로 달렸다고 한다. 나도 체지방을 태우는 방법으로 호놀룰루마라톤 대회에서 가뿐히 완주

했다.

마라톤을 뛰어본 적이 있는 사람일지라도 이 방법을 잘 모를 수 있다. 헬스클럽마다 러닝 머신 위에서 구슬땀을 흘리며 달리는 사람이 많다. 하지만 유감스럽게도 그래봤자 체지방을 태울 수는 없다. 이럴 때 체지방을 대신해서 포도당이 연소하는데, 여기에는 맹점이 있다. 포도당은 다당류 탄수화물이 분해되어 생긴다. 이것이 달리는 데 에너지로 쓰이는데, 다 쓰지 못한 포도당은 중성지방으로 바뀐다. 대체로 음식으로 먹은 지 사흘 뒤에는 피부밑지방이나 내장지방, 근육내지방으로 변화한다.

즉 포도당은 그 상태로 체내에 남는 일이 드물다. 빠른 속도로 달리면 즉시 지치는 이유는 연료인 포도당을 다 써버렸기 때문이다. 달리는 속도가 지나치게 빠르거나 느려도 포도당만 연소될 뿐이다. 바쁜 틈을 타서 녹초가 될 때까지 달려도 체지방은 전혀 타지 않는다. 이래서는 힘은 힘대로 들고 손해만 보게 된다.

속도를 내지 않으면 '달렸다!'는 만족감이 들지 않는다, 운동한 것 같지 않다며 불만스러워하는 사람도 있을 텐데 아주 조금만 참으면 된다. 적절한 심박수를 유지하며 달리라고는 했지만 똑같은 속도로 달리라고 하지는 않았다. 속도는 곧 올라갈 것이다. 다시 말해, 똑같은 심박수를 유지하더라도 심폐기능이 향상되면 속도가 저절로 올라간다는 뜻이다.

내가 운동을 막 시작했을 때는 맥박이 135로 뛰게 하려면 시속 8킬로미터의 속도로 달려야 했다. 이를 일주일에 두 번 이상 지속했더니 3개월 뒤에는 똑같이 맥박이 135로 뛰게 유지하더라도 시속 12킬로미터로 속도를 높여 달릴 수 있었다. 그런데도 적절한 심박수를 유지했기에 숨이 차는 일은 없었다.

무턱대고 몸을 단련하면 결국 멀리 돌아가게 된다. 괴롭고 힘들게 몸을 혹사하기를 좋아하는 사람도 있는데 건강 측면에서는 의미가 없을뿐더러 해롭기까지 하다. 지방을 태우며 달리면 마라톤 풀코스도 완주할 수 있다. 그렇다고 해서 날마다 마라톤 전 구간을 달리면 충분히 단련된 육상선수라도 몸이 망가진다. 그 증거로 육상선수는 일반인과 비교해서 평균수명이 짧다고 한다. 르망 24시간 레이스(프랑스 르망 지역에서 열리는 자동차 경주 대회)에 참가하는 최신예 레이싱카도 24시간 연속으로 달리면 고장 난다.

운동도 자신의 적정량을 알고 유지하는 것이 중요하다. 심박수를 기준으로 삼아 운동하면 심장에 부담을 주지 않고 무리 없이 유산소운동을 지속할 수 있어서 다이어트에 성공할 것이다. 게다가 베타·엔도르핀도 분비되어 운동이 괴롭기는커녕 즐거워진다. 이 방법으로 건강을 효율적으로 개선할 수 있다.

4 사람들은 아무리 봐도 암에 걸릴 만한 생활을 한다

If you are to succeed, you must have good health.

건강 문제는 우리가 인생에서 성공을 손에 넣으려고 할 때 가장 커다란 걸림돌이 되기도 한다. 성과를 바라는 사업가에게 건강한 몸은 '있으면 좋은' 정도가 아니라 '반드시 있어야 하는(필수)' 요소라고 할 수 있다. 이른바 성공한 사람은 그 사실을 잘 안다.

암이나 당뇨병, 고혈압, 대사증후군 등 무서운 질병이 한창 일할 나이의 사람들에게 덮치는 경우를 종종 볼 수 있다. 우울증이나 공황장애 등 정신적인 질환도 예외는 아니다. 그런데 이런 병에 걸려 투병하며 높은 성과를 얻기란 불가능에 가깝다.

그뿐만 아니라 큰 병에 걸려 목숨까지 잃지는 않더라도 모처럼 모은 자산을 치료하는 데 다 써버리게 되는 경우도 있다. 공교롭게도 암 연령(통계적으로 암에 걸리기 쉬운 나이)은 40세 이상이다. 사회적 지위와 재산을 손에 넣고 이제부터 행복할 일만 남았다고 생각할 때 암으로 쓰러지는 것이다. 모아둔 재산을 암 치료에 몽땅 다 써버리게 되는 경우도 있다. 기가 막히지 않은가? 그런데 현실적으로는 누구도 그럴 가능성이 전혀 없다고 단정할 수 없다. 오히려 현실에서는 이런 일이 생각보다 훨씬 빈번하게 일어난다.

암은 사망 원인들 중 단연 그 비율이 가장 높다. 게다가 지금은 두 명 가운데 한 명은 암에 걸리는 시대다. 그러니까 평생에 한 번은 암에 걸릴 수 있다고 볼 수 있다. "암에 걸릴지 예상하지 못했다"라는 말로는 이 사태를 해결할 수 없다.

20~30대에는 '노인이 되려면 아직 몇십 년이나 남았다. 벌써부터 건강을 걱정하지 않아도 된다'라고 믿어 의심치 않는다. 확실히 젊을 때는 체력이 있어서 조금 무리해도 견딜 수 있다. 그래서 막상 병에 걸리고 난 뒤에 더 큰 소동이 일어난다. 암에 걸리느냐 마느냐는 단순히 운에 의해 좌우되는 제비뽑기와는 차원이 다르다. 암을 예방하기 위해 노력하지 않으면 암에 걸릴 확률은 높아질 수밖에 없다. 반면 예방하면 그 확률은 낮아질 수 있다.

하지만 실제로는 어떨까? 나는 의사로서 지금까지 수많은 환자를 진찰하고 치료해왔다. 그 경험을 바탕으로 오해를 감수하고 말하자면 대부분의 사람은 '아무리 봐도 암에 걸릴 만한 생활'을 한다. 나는 "모처럼 한 번뿐인 인생이니 암에 잘 걸리지 않는 생활 방식을 선택하지 않겠는가?"라고 권하고 싶다. 건강한 몸으로 일과 취미에 마음껏 몰두할 수 있는 행복한 인생. 이는 자신이 책임지고 쟁취해야 한다.

인생은 선택할 수 있다. 성공한 사람이라고 불리는 사람들은 이 사실을 잘 안다.

5 성공한 사람들은 왜
건강에 대한 인식이 높을까?

Time Management Matrix by Stephen Covey:
Urgent vs Important

나는 의사로서 환자를 진찰하고 치료하는 한편, 이른바 성공한 사람, 일류라고 불리는 사람들을 오랫동안 연구해 왔다. 물론 나 자신을 위해 진지하게 연구한 것이다.

나는 절대 유복한 환경에서 태어나지 않았기에 성공하려면 어떻게 해야 하는지 알고 싶었다. 그래서 다른 사람들에 비해 꽤 많은 세미나에 참가하고 연구를 깊이 해온 편이다. 그 경험을 바탕으로 말한다면 성공한 사람은 모두 건강에 대한 인식이 높다. 그들은 지금까지 소개한 유산소운동도 올바르게 실천한다.

그뿐만이 아니다. 성공한 사람들에게는 운동 외에도 식생활이나 행동 양식 등에서 공통적인 '습관'이 있다는 것을 발견했다. 그 효과를 실제로 검증하고 싶었다. 또 그들처럼 성공하고 싶었다. 그런 마음으로 그 일부를 실천하기도 했다. 이 책에서는 그런 성공한 사람들의 생활 습관을 여러분에게 소개한다.

성공한 사람들은 습관이야말로 인생을 좌우한다는 사실을 잘 안다. 습관은 날마다 꾸준히 들이는 것이다. 그리고 원래 극적인 효과를 즉시 바랄 수는 없다. 성공한 사람은 보통 사람들보다 분명히 훨씬 바쁘다. 그렇지만 좋은 습관을 들이는 데 시간을 기꺼이 쓴다. 운동 습관도 그중 하나다.

세계적인 베스트셀러 《성공하는 사람들의 7가지 습관(The Seven Habits of Highly Effective People)》(스티븐 코비)에서는 '중요성과 긴급성의 사분면'을 소개한다. 사업하는 사람이라면 누구나 본 적이 있을 이 도표를 사용하면 모든 일을 다음의 네 가지로 분류할 수 있다.

	긴급함	긴급하지 않음
중요함	제1영역 • 질병, 재해, 사고 • 마감이 닥친 일 • 클레임 대응 등등	제2영역 • 공부 • 건강 증진 • 인맥 만들기 등등
중요하지 않음	제3영역 • 중요하지 않은 메일이나 전화 응대 • 무의미한 교제나 모임 등등	제4영역 • 텔레비전 시청이나 인터넷 서핑, 장시간 전화 통화 같은 시간 죽이기 등등

제1영역은 '긴급하고 중요한 일', 제2영역은 '긴급하지 않지만 중요한 일', 제3영역은 '긴급하지만 중요하지 않은 일', 제4영역은 '긴급하지도 중요하지도 않은 일'이다.

많은 사람이 평소에 제1영역의 '긴급하고 중요한 일'이나 제3영역의 '긴급하지만 중요하지 않은 일'에 쫓겨서 스트레스를 느끼며 생활한다. 이는 이른바 일과(routine work)이기도 해서 미래의 성장으로 이어지는 일이라고 할 수는 없다. 그냥 일상적인 업무를 처리하는 것이다.

제4영역의 '긴급하지도 중요하지도 않은 일'은 일종의 시간 죽이기다. 텔레비전 시청, 인터넷 서핑하기 등 시간을 쓸데없이 보내는 방법이다. 일하는 사이에 잠깐 휴식을 취하는 것처럼 확실한 목적이 있으면 좋을 텐데, 현실적으로는 자신도 모르게 빈둥빈둥하며 시간을 허비한다.

한편 성공한 사람은 제2영역 '긴급하지 않지만 중요한 일'을 중시한다. 여기에는 건강 증진과 인맥 만들기, 학습 등이 포함된다. 오늘 하루 운동을 건너뛰었다고 해서 내일 갑자기 병에 걸리는 일은 없을 것이다. 그래서 보통 사람들은 제2영역을 뒤로 미룬다. 그러나 나는 의사로서 충고한다. 이 제2영역을 소홀히 하면 5년, 10년이 지났을 때 '제대로 운동좀 해놓을 걸'이라고 후회하는 날이 반드시 찾아올 것이다.

학습도 마찬가지다. 오늘 영어 공부를 하지 않았다고 해서 당장 곤란한 일은 전혀 없을 것이다. 하지만 세계화가 계속 진행되는 요즘 같은 사회에서는 확실히 활약할 수 있는 곳이 줄어들 것이다. 당연히 인맥도 하루아침에 형성되는 것이 아니다.

긴급하지 않으니까 보통 사람들은 제2영역을 무심코 나중으로 미룬다. 하지만 성공한 사람은 오히려 제2영역에 시간을 들여서 앞으로의 자신에게 투자한다. 여기에서 커다란 차이가 생긴다.

6

성공한 사람들은
일보다 운동을 먼저 한다?

Do you work first or exercise first?

앞서 성공하고 싶거나 꿈을 이루고 싶다면 제2영역에 드는 시간을 늘리는 것이 중요하다고 설명했다. 하지만 그 밖의 긴급한 일에 시간과 노력을 빼앗겨 자기도 모르게 이를 뒤로 미루는 문제가 남는다. '건강이 중요하니까 조깅을 해야 한다'라는 의견에는 많은 사람이 찬성할 것이다. 그렇지만 실제로는 대부분 '일이 바빠서'라는 핑계로 금방 조깅을 그만두고 만다. 어쩌면 한 번도 달리지 않고 마는 사람도 있을 것이다.

이 문제를 해결하는 데 가장 중요한 요령은 일정 관리에 있다. 제2영역을 뒤로 미루는 것은 '시간이 있을 때 하자'라며 계획표에 써 넣지 않기 때문이다. 앞으로는 큰마음 먹고 업무 일정을 잡기 전에 제2영역에 들일 시간을 확보하자. 제2영역을 최우선으로 생각해서 일정을 잡고 그 일을 하는 틈틈이 제1영역, 제3영역의 일을 적어 넣는다. 즉 조깅, 수영이나 헬스 같은 운동은 물론 그 외 독서나 공부 등에 쓸 시간을 미리 확보하는 것이다.

처음에는 일과 병행하기 어려울 수 있다. 하지만 제2영역에 시간을 들이면 건강이 좋아지고 능력이나 역량도 강화된다. 결국 제1영역의 일을 재빨리 처리할 능력을 익힐 수 있다. 그 덕분에 지위가 올라가면 제3영역의 일은 남에게 맡길 수도 있을 것이다. 이제 일은 점점 잘 풀리고 시간적 여유도 생긴다. 그러면 제2영역에 시간을 더 투자할 수 있게 된다.

이와 대조적으로 제1영역, 제3영역에만 집중하는 사람은 자기 성장을 이루지 못하고 결국 일과로 인해 피로해진 나머지 제4영역에서 시간을 낭비하고 만다.

'인생을 바꾸는 수첩'으로 유명한 프랭클린 코비(Franklin Covey)의 일정 계획표(Franklin Planner)에는 책을 읽었는지, 건강을 증진했는지, 인맥을 만들었는지 등을 날마다 돌아볼 수 있도록 모든 장에 '제2영역의 일을 실행했는가'를 묻는 작은 도표가 그려져 있다. 뒤집어 생각하면 그 정도로 엄격하게 따져야 제2영역의 일을 지속할 수 있다는 뜻이다. 일단은 일정부터 확보하도록 하자.

7 성공한 사람들에게는 성공하는 버릇이 있다

You have to get out of the Comfort Zone to succeed.

성공하려면 제2영역을 최우선으로 생각해야 하지만 인간에게는 '고통을 피하는' 행동 원리가 있다. 그래서 곤란한 일이 생기면 가장 먼저 해결하려고 한다. 반면에 당장 곤란하지 않은 일이라면 아무것도 하지 않으려 한다. 귀찮아서 움직이기가 고통스럽기 때문이다.

심리학적으로 말한다면 인간에게는 안락지대(comfort zone, 자신이 쾌적하게 지낼 수 있는 영역)가 있는데, 그곳에서 나오려고 하면 고통을 느낀다. 생활 습관을 바꾸는 것도 고통이기에 기존의 생활 습관을 유지하려고 한다. 그런 이유로 그 습관이 아무리 인생에 손해로 작용한다고 해도 습관을 좀처럼 바꾸지 못하는 것이다.

그러나 성공한 사람은 안락지대를 벗어나 필요하다면 주저 없이 생활 습관을 바꾼다. '제2영역에서 확실히 노력하면 좋은 일이 생긴다'라는 것을 경험적으로 알기 때문이다. 바꿔 말하자면 그들에게는 성공하는 버릇이 있다.

한번 습관을 들이면 애쓰지 않고 이어나갈 수 있다. 공부든 운동이든 마찬가지다. 같은 반 친구 사이라 하더라도 스스로 공부하는 아이가 있는 한편, 선생님이나 부모님이 아무리 잔소리해도 공부하지 않는 아이도 있을 것이다. 그 차이는 공부하는 버릇이 있느냐 없느냐 하는 데 있다.

공부하는 버릇은 '공부해서 좋은 일이 있었다'라는 경험을 하면 몸에 밴다. 즉 성공 경험이 필요한 것이다. 한번 버릇이 들면 내버려 둬도 공부한다. 공부를 꾸준히 하면 성과가 나오고 칭찬도 받을 수 있다. 그 결과가 기쁘고 즐거워서 공부를 하게 되는 선순환이 이뤄진다. 마침내 시험에서 좋은 점수를 얻는 등 커다란 성과를 얻으면 세로토닌(기분을 조절할 뿐 아니라 사고 기능과 관련하여 기억력과 학습에 영향을 미치는 신경전달물질)과 도파민(세포가 흥분하거나 억제되는 정도를 조절하는 신경전달물질) 같은 물질이 분비되어 기분이 좋아진다. 그러면 '또 노력해야지' 하는 마음이 생기는 것이다.

다이어트도 1킬로그램이든 3킬로그램이든 자신이 직접 정한 목표를 먼저 달성해보면 계속하기가 훨씬 쉬워진다. 체중 조절에 성공하면 그 성공 경험은 일의 활력으로도 이어진다.

반대로 공부하는 버릇이 없는 것은 성공 경험이 없기 때문이다. 그래서 공부할 마음이 들지 않는다. 세로토닌이나 도파민이 분비될 때 느끼는 쾌감도 얻을 수 없는 상태다. 이래서는 의욕도 머지않아 고갈되고 말 것이다. 마치 우울증 환자와 같은 상태다. 약으로 세로토닌이나 도파민을 보충한다고 해도 소용없다.

일본 국세청이 2013년 시행한 〈민간급여실태통계조사〉에 따르면 현재 일본에서 연봉 1,000만 엔(약 1억 1,000만 원) 이상을 받는 급여 소득자는 직장인의 상위 3.9퍼센트를 차지한다(고용노동부의 〈2017 고용형태별 근로실태조사〉를 한국경제연구원에서 분석한 결과에 따르면 한국은 연봉 1억 원 이상을 받는 근로자가 44만 명, 즉 2.9퍼센트를 차지한다). 2,000만 엔(약 2억 2,000만 원) 이상을 받는 사람은 대기업 임원급이나 외국자본 계열 기업의 사원 또는 창업자로 한정될 것이다.

1,000만 엔이라면 노력해서 받을 수 있을 듯하다. 직업에 따라서는 20대에도 도달할 수 있을지 모른다. 그래서 이 책에서는 '성공'의 기준으로 연봉 1,000만 엔을 목표로 설정한다. '나도 할 수 있다, 한 방에 역전할 수 있다'라고 기대할 만한 현실적

인 목표다. 물론 단순히 1,000만 엔을 버는 것뿐만 아니라 '나는 행복하다, 인생은 즐겁다'라고 말하게 되는 것도 조건이다. 스트레스에 시달리는 부자는 이 책에서 도달하려는 목표에 들어가지 않는다.

그럼 어떻게 목표를 달성할까? 그 답은 '제2영역에 시간을 얼마나 들이는가'로 집약된다. 당장 일에 쫓기더라도 긴급하지는 않아도 중요한 일을 우선으로 생각한다. 즉시 좋은 결과를 내기는 어려워도 권투에서 상대편의 배나 가슴을 치는 보디블로(body blow)처럼 뒤로 갈수록 효과가 있다.

성공한 사람들은
왜 스트레스를 받지 않을까?

#목적의식 #자기중요감

1 건강과 돈, 어느 쪽이 더 중요한가?

A lot of money doesn't necessarily mean success.

나는 다양한 세미나에 참가한 것을 계기로 성공한 사람을 많이 만났다. 처음 간 곳은 속독 세미나였다. 어릴 때부터 속독에 흥미가 있어서 5만 엔(약 55만 원) 상당의 학습용 테이프를 사서 들었는데 실력이 전혀 나아지지 않았다. 그래서 교실에서 직접 지도를 받을 수 있는 3일 과정에 참가한 것이다.

나중에는 유명한 '성공 컨설턴트' 제임스 스키너(James Skinner)가 주최한 세미나에도 참가했다. 이쪽은 참가비가 꽤 비싸기도 해서 경영자만 모여들었다. 모두 사회적으로나 경제적으로 이미 엄청난 성과를 거두었고 행동에서는 여유가 넘쳤다. 그들은 일반적으로는 '성공한 사람'이라고 불러도 무방했을 것이다. 하지만 나는 그들을 보면서 부자라고 다 성공한 사람이라고 할 수 없다는 것을 배웠다.

불행한 부자를 예로 들자니 어느 회사 사장의 이야기가 떠오른다. 그 사장은 한창 건강할 때 전용 제트기로 미국 라스베이거스까지 가서 동행한 사람들에게 수백만 엔씩 돈을 나눠주고 놀게 했을 정도로 대단한 부자였다. 50억 엔(약 550억 원)짜리 호화주택에 산 데다 재산이 5,000억 엔(약 5조 5,000억 원)이나 됐다고 한다.

그러나 노후에는 건강이 나빠져서 병원에 입원했는데도 아들은 유치장 신세고 아내와 애인은 코빼기도 보이지 않아 쓸쓸하게 지냈다고 한다. 그 사장은 고독을 느끼며 세상을 떠났다. 과연 사장의 인생은 행복했을까? 사장은 성공했을까, 아니면 실패했을까?

물론 답은 사람마다 다를 것이다. 다만 내가 하고 싶은 말은 적어도 돈의 유무가 성공의 절대 조건이 아니라는 것이다. 돈이 없는 것보다 있는 게 낫다는 의미에서 필요조건일 수는 있다. 하지만 돈이 있으면 행복해질 수 있다는 말은 분명히 틀렸다.

한편 건강은 성공의 절대 조건이라고 할 수 있다. 남들이 부러워하는 성공한 사람은 모두 건강뿐 아니라 제2영역에 시간을 들였다. 그들은 꾸준히 공부하고 공들여 인맥을 쌓는다.

아무리 돈을 많이 벌어도 제2영역에 시간을 들이는 습관이 없는 사람은 어딘지 쓸쓸해 보였다. 당장 주어진 일에 쫓긴 나머지 자기 자신의 성장을 위해 노력하지도 않고, 다른 사람에게 도움이 된다고 실감할 수도 없기 때문일 것이다. 그 외로움을 달래려고 과음하는 것인지 늘 벌건 얼굴로 다니는 사람도 있었다.

롤스로이스를 타고 고급 레스토랑에 가는 게 일과라는 사람도 있었다. 나는 그들이 전혀 부럽지 않고 대단하다는 생각조차 들지 않았다. 무엇보다 본인이 즐거워 보이지 않았다.

그래서 부자를 성공한 사람이라고 할 수 없다는 것이다. 그럼 진정으로 성공한 사람은 어떤 사람일까?

2 스트레스를 느끼지 않는 사람들의 비결

Whatever you do, you must have a sense of purpose to succeed.

성공한 사람은 결정적으로 목적의식이 있다. 자신이 어떻게 되고 싶은지, 어떻게 살고 싶은지 인생의 목적을 스스로 깨달을 줄 안다. 또 그 목적을 달성하는 데 가장 적절한 행동을 주저 없이 실행한다. 그래서 스트레스를 느끼지 않는 것이다.

목적의식이 없는 상태로 텔레비전 광고에서 추천한다고 헬스장에 다니거나 철인 3종 경기에 도전해봤자 전혀 의미가 없고 지속하지도 못한다. 이는 '요즘 인기 있는 가게'라는 말에 홀려서 줄을 서는 것과 똑같다. 무엇을 위한 것인지 목적의식이 없는 것이다.

그것은 결국 자기 머리로 생각하지 않는다는 것을 의미한다. 남의 의견에 따라 움직인다고도 할 수 있다. 자신의 원래 목적을 모르는 채 되는 대로 행동할 뿐이라서 그 어디에도 도달하지 못한다. 입으로는 '성공하고 싶다'라고 되뇔지 모르지만 성공에 이르는 최단 거리로 달리려고 하지 않는다. 오히려 헛수고를 함으로써 목표 지점까지 멀리 돌아가게 된다.

병을 치료할 때도 목적이 있어야 한다. 예컨대 암을 완치하려고 항암 치료를 받는 것이지 '모든 사람이 항암 치료를 하니까 나도 한다'라는 식이어서는 안 된다. 만약 '항암제로는 암이 낫지 않는다'라고 생각한다면 다른 선택지를 찾아야 한다.

모두 하는 일이라도 '그건 좀 이상하다'라고 느낀다면 자기 머리로 목적을 달성할 수단을 생각해내야 한다. 모든 것은 자기 책임이다. 성공도 자기 책임, 행복도 자기 책임이다. 모질게 느껴질 수 있겠지만 이렇게 여겨야 성공이나 행복을 얻을 가능성이 높아진다고 생각한다.

어중간하게 성공한 사람은 종종 '남 탓'을 한다. 가령 경영자가 종업원을 노예처럼 부려먹으며 마구 호통을 친다. 이렇게 화를 내는 사람은 대체로 소심하다. 자기 존재를 인정받지 못한다는 것을 아니까 화를 낸다. 남에게 화를 내서 자기 말을 듣게 하고는 자신은 강해졌다고 착각한다.

한편 성공한 사람은 확실한 목적이 있는 사람이다. 목적에 어울리는 삶을 살기에 평온한 마음으로 지낼 수 있다. 또 남들에게도 좋은 인상을 준다. 자신의 행복이나 불행을 남의 탓으로 돌리지 않는다. 문제가 발생해도 어지간한 일로는 움직이지 않는다. 남을 탓하지 않고 자기 목적에 도달할 수 있도록 담담히 궤도를 수정하여 문제를 처리할 뿐이다. 성공한 사람의 행동에서 볼 수 있는 '안정감'은 이런 데서 비롯된다.

3 디즈니랜드에서도
줄 서지 않는 사람들의 비밀

If you are imbued with a sense of purpose,
you can find a way to achieve it.

성공한 대부분의 사람이 운동을 일과로 삼는 것도 인생에 목적이 있기 때문이다. 그들은 아직 달성하지 못한 목적이나 목표가 있기에 인생을 오래 즐기고 싶어 한다. 그래서 건강에도 신경을 쓰고 너무 살이 찌지 않게 주의하며 헬스장에 다니는 것뿐이다. 여기에 '억지로 하는' 느낌이나 '헬스나 운동이 유행해서'라는 생각은 없다. 그저 자신에게 필요해서 행동할 뿐이다. 매우 논리가 명확하다.

"당신은 인생의 목표가 무엇입니까?" 이 질문을 듣고 즉시 대답하는 사람은 그리 많지 않을 것이다. 그러나 즉시 대답할 수 있는 사람이 성공한다. 자신의 인생에서 목적이나 목표가 무엇인지는 누구나 생각해볼 만한 가치가 있다.

인생의 목적이라고 해도 거창하게 생각할 것은 없다. 마치 여행과 같다. 우리는 목표도 없이 여행을 떠나지는 않는다. 정처 없이 떠돌아다니는 것처럼 보이는 배낭여행을 하는 사람도 어떠한 목표가 있을 것이다. 역이나 공항에 가서 '도착지는 어디든 좋으니 표를 끊어달라'라고 하면 발권 창구 담당자가 난처해할 것이다.

'자신과 마주하고 다시 바라보려는' 방랑이라면 그것도 멋진 목적이 있는 여행이라고 할 수 있다. '어딘지 모르는 장소에 가보고 싶다'라는 것도 목적이다. 사소한 목적을 내걸어도 괜찮다. '예쁜 저녁노을이 보고 싶다'라든지 '맛있는 음식을 먹고 싶다'라는 것도 훌륭한 목표다. 여기에서 구체적인 여행 계획이 정해진다. 이곳에 가면 멋진 저녁노을을 볼 수 있으니 가보자, 그러려면 이 비행기를 타자, 이런 식으로 말이다.

성공한 사람은 놀 때도 무엇을 위해서 노는지, 무엇을 위해서 그곳에 가는지 늘 목적의식이 뚜렷하다. 이것도 어려운 일이 아니다. 아주 간단하다. 예를 들어, 디즈니랜드에 간다고 하자. 무슨 목적으로 갈까? '가족과 함께 휴일을 즐겁게 보내는 것'이 목적이라고 하자. 목적의식이 있으면 당일을 어떻게 보낼지 그 방법도 달라질 것이다.

디즈니랜드는 기본적으로 늘 혼잡하다. 더군다나 기간 한정

행사라도 개최하면 한층 더 많은 사람으로 바글거릴 것이다. 늦게 출발하면 입장을 제한할지도 모르고 입장하더라도 놀이 기구마다 줄을 서야 하거나 집에 돌아갈 때 고속도로가 꽉 막힐 수도 있다. 이래서는 온 가족이 녹초가 되고 기분이 상해서 결국 '뭐 하러 갔는지 모르겠다'라는 말이 나올지 모른다.

그렇다면 확실히 디즈니랜드에 들어갈 수 있게 개장과 동시에 첫 번째로 들어가는 건 어떨까? 사전에 요령 있게 놀이 기구 탑승권을 끊는 방법을 조사해보자. 또 디즈니랜드에서 가장 가까운 호텔에 방을 잡는 편이 좋을 것이다. 목적이 있으면 여러 가지 방법이 저절로 눈에 띈다. 시간과 수고, 돈이 좀 들더라도 목적과 정반대의 결과가 나오는 것보다 훨씬 낫지 않은가?

인생도 마찬가지다. 목적이 있어야 비로소 삶의 방향과 생활 습관이 정해진다. 극단적으로 말하자면 사실은 목표 없이 생활하는 것은 이상하다. 어떻게 생활해야 좋은지 모를 테니 말이다.

나 같은 의사들에게도 저마다 목표가 있다. 어떤 의사는 "환자를 한 명이라도 더 많이 살릴 수 있으면 그걸로 만족한다"라고 단호하게 말했다. '1,000명 가운데 한 명이라도 살릴 수 있는 치료라면 시도할 가치가 있다', '돈벌이가 안 되는 치료라고 해서 많은 의사가 거들떠보지 않더라도 나을 수 있는 사람이 존재하는 한 그 밖의 것은 아무래도 상관없다'고 한다. 이 의사는 자신의 행동이나 처신을 고민하는 일이 적을 것이다.

　반대로 말하면 목표가 없는 인생은 목적지가 없이 여행하는 것과 같다. 불안해지는 것도 당연하다.

4

'인정받는 일' vs.
'인정하는 일'

The feeling that the people around me need me.

성공한 사람은 자기 자랑만 할 거라는 편견을 깨준 두 사람이 떠오른다. 한 사람은 《주간 소년점프》를 만든 편집자 스나미 씨로 안타깝게도 2014년에 세상을 떠났지만 전설적인 인물이다. 다른 한 사람은 어느 돈 많은 노신사다. 도쿄 시내에 있는 한 바에서 술을 마시다 만난 그와 나는 대화가 잘 통했는데, 그는 그 자리에서 "우리 집에 그림을 보러 오게"라며 나를 초대했다. 노신사는 집 내부를 피카소의 그림들로 장식해놓고 있었다. 물론 그림은 다 진품이었다.

이 두 사람에게는 확실히 공통점이 있었다. 그것은 딱히 친하지도 않고 당시 20대의 어린 나이였던 내 말을 주의 깊게 끝까지 들어준 점이다.

그들은 분명히 자신이 좋아하는 일에 돈을 마음껏 쓸 수 있는 사람들이었다. 사회적 지위도 높아서 잘난 척하는 태도를 보여도 주위 사람들이 아마 너그럽게 받아들였을 터였다. 자기 자랑도 얼마든지 늘어놓을 수 있었을 것이다.

그런 사람들이 오히려 내 이야기에 귀를 기울여줬다. 대체 그 이유는 무엇일까? 성공한 사람들은 무슨 일에나 흥미를 느끼기 때문일 수도 있다. 그러나 나는 그보다는 그들이 '듣는 것이 상대방에게 호감을 얻는 비결'이라는 사실을 잘 알고 있었기 때문이라고 생각한다.

여기에서 핵심은 자기중요감이다. 자기중요감이란 '주위에서 자신을 필요로 한다고 여기는 마음'을 뜻한다. 인간은 사실 이 자기중요감을 높이고 싶어서 살아간다고 할 수 있다. 그렇기에 '이것 봐!', '대단하지?'라며 주위의 관심을 끌어서 자기중요감을 높이려고 한다.

그런데 관심을 끌려는 대상인 주위 사람의 기분을 상하지 않게 하는 것이 문제다. 대부분 사람은 자신의 자기중요감을 높이는 일에는 열심이지만 다른 사람의 자기중요감을 채워주는 일에는 좀처럼 흥미를 느끼지 못한다. 그래서 남의 말은 듣지 않고 자기 할 말만 한다. 질문해놓고 대답은 듣지 않는 사람도 꽤 많다.

성공한 사람은 이와 정반대다. 자신의 자기중요감은 뒤로 미뤄둔다. 그보다 상대방의 자기중요감을 높이려면 어떻게 해야 할지 먼저 생각한다. 이는 부부, 부모와 자식 사이에서나 직장에서도 관계를 잘 유지하는 비결이다.

그래서 성공한 사람은 누구에게나 호감을 얻는다. 자신보다 상대방의 자기중요감을 높이면 저절로 그렇게 된다. 인간은 누구나 자기중요감을 높이고 싶어 한다. 그래서 그 욕구를 충족하기 위해 '자신의 자기중요감을 높여주는 사람'을 찾는다. 단적으로 말하면 앞에서 소개한 두 사람처럼 '자기 이야기를 들어주는 사람'을 좋아한다.

그렇다고 해서 성공한 사람이 자신의 자기중요감을 그냥 내버려두는 것은 아니라는 점에 주목하기 바란다. "제게서 나간 것이 제게로 돌아온다"라는 속담과 같다. 타인의 자기중요감을 충족해주면 많은 사람에게 호감을 얻고 결과적으로 자신의 자기중요감을 높일 수 있다.

이 이치를 실현하면 의사소통의 달인이라고 해도 좋다. 참고로 나도 내 이야기만 할 때가 있어서 그때마다 '손해 봤다!'라고 반성한다. 서비스 정신이라는 핑계를 대고 자기 말만 떠들어대는 사람은 한번 자기반성을 해보면 어떨까?

내가 말이 많기는 하지만 한편으로는 '사실은 남의 이야기를 들어서 새롭고 재미있는 정보를 흡수하고 싶다'라는 마음도 있다. 자신에게는 자기 이야기가 전혀 신선하지 않다. 그런 점에서 '듣기'는 새로운 정보를 입력하는 기능을 한다. 게다가 상대방의 자기중요감도 높일 수 있다. 상대방의 자기중요감 높이기는 더 나아가서 자신의 자기중요감 높이기로 이어진다. 상대의 말을 잘 들어주면 정말로 좋은 일만 뒤따른다.

5 부자지만 외로운 건 왜일까?

The reason why he is lonely even if he has a lot of money.

성공한 사람을 많이 만나다 보면 새삼스럽게 '성공한 사람과 부자는 동의어가 아니다'라는 것을 뼈저리게 느끼게 된다. 막대한 부를 손에 넣었는데도 무슨 이유인지 행복해 보이지 않는 사람이나 어쩐지 인색해 보여서 누구에게도 존경받지 못하는 사람이 꽤 있다. 그런 사람들을 관찰해보면 어떤 사실을 알 수 있다. 그들은 상대방의 자기중요감은 채워주려 하지 않는다. 자신의 자기중요감만 충족하려고 기를 쓴다.

자신이 가진 지위와 재산 등을 이용해 타인을 부리고 자신의 자기중요감을 채우게끔 강요하는 일도 있다. 마지못해 따라주는 사람도 있겠지만 부자도 바보는 아니라서 속으로는 '나는 인정받지 못한다', '남에게 강요할 뿐이다'라는 것을 안다. 그 탓에 자기중요감이 낮아지는데 그 반발로 '더! 조금만 더!', '인정받고 싶어!'라며 자신의 자기중요감을 한층 더 충족하기 위해 애쓴다.

돈이 있는 사람은 자기 하고 싶은 대로 행동해도 쉽게 용서를 받는다. 그런데 돈을 이용해 타인을 휘두르기만 해서는 진짜 친구라고 부를 수 있는 사람이 다가오지 않는다. 기껏해야 그의 돈을 추종하는 사람만 모여들 뿐이다. 그래서 그들은 계속 외로운 상태로 지낸다.

상대의 자기중요감을 높여주는 달인으로는 다나카 가쿠에이(田中角栄) 전 일본 총리를 들 수 있다. 가쿠에이는 남들의 신뢰를 얻으려고 돈을 많이 쓴 것으로 유명하다. 또 그 이상으로 타인의 자기중요감을 잘 채워주는 정치가였다. 예를 들어, 직원들의 약력을 다 외워서 그 자녀들의 생일에 선물을 보냈다고 한다.

빌 클린턴 전 미국 대통령도 그를 만난 사람 모두에게 '자신을 세상에서 가장 소중한 사람으로 대해준다'고 느끼게 하는 힘이 있었다. 이런 힘은 특히 정치가에게 필요한 힘이라고 할 수 있다.

다나카 가쿠에이나 빌 클린턴 전 대통령은 자기 힘을 상대방의 자기중요감을 채워주는 데 사용했다. 원래는 윗사람의 자리에 있을수록 그렇게 하기 쉬울 것이다. 그런데 현실적으로는 모두 반대로 행동한다. 이처럼 타인의 자기중요감을 충족해줄 수 있는 사람은 그만큼 귀하다. 그래서 여기저기에서 그 사람을 데려가고 싶어 한다.

이 세상에는 '카리스마'가 있다는 말을 듣는 사람이 많다. 그런 사람이 모두 상대방의 자기중요감을 잘 충족해주지는 않을 것이다. 하지만 그럴 수 있는 사람일수록 카리스마가 오래가는 '진짜'가 되지 않을까?

6 '입고 싶은 옷' VS. '성공을 위한 옷'

In order to succeed,
you must choose your own clothes for others.

보통 사람은 대체로 자신을 지나치게 신경 쓰는 나머지 타인에 대해서는 별로 신경 쓰지 않는다. 그 경향은 사람들의 옷 입는 스타일에서도 잘 나타난다. 우리는 거리에서 의도를 알 수 없는 독특한 차림을 한 사람들을 볼 때가 있다. 어떤 사람의 복장은 나름 돈을 들인 듯하지만 '저게 뭐지?'라는 생각을 불러일으키는 때도 있다.

성공한 사람 가운데는 그런 사람이 없다. 철저하게 목적에 따라 행동하는 그들은 옷을 입을 때도 상대방에게 어떤 인상을 줄 것인지 깊이 고심한 끝에 선택하기 때문이다. 또는 옷을 직접 선택하지 않고 전문가에게 그 일을 맡긴다.

대부분 성공한 사람은 개성을 지나치게 강조하지 않고 '상대방이 불쾌하게 느끼지 않는 옷차림'을 선택한다. 남을 불안하게 하는 복장보다 상대를 안심하게 하는 단정한 복장을 선택하는 것이다. 물론 '옷차림이 꽤 독특한데?'라고 느끼게 하는 유명인도 있기는 하다. 하지만 내가 만나본 바로는 '오래도록 행복하게 사는 성공한 사람'은 굳이 말하자면 단순하다고 할 만한 복장을 즐기는 사람이 많았다.

나도 예전에는 목적 없이 '일단 입고 싶은 옷을 입자'라고만 생각하고 화려하게 차려입고 다녔다. 얼마나 화려했냐면 새빨간 셔츠나 히비스커스 무늬의 넥타이, 누가 봐도 한눈에 명품이라는 것을 알 수 있는 스웨터만 골라 입었다. 그러나 수많은 성공한 사람을 관찰해온 후에는 그들이 하는 것처럼 나도 '상대방에게 불쾌감을 주지 않는 옷차림'을 기준으로 입을 옷을 선택한다. 복장을 선택할 때도 목적을 지향하게 되었다는 뜻이다.

성공을 목표로 한다면 그 복장이 상대방에게 어떤 영향을 미칠지 생각해봐야 한다. 극단적으로 말해서 자신은 어찌 되든 상관없다. 옷은 타인을 위해서 입는 것이다. 그렇다면 '자신의 개성을 강조하는 화려한 옷차림은 삼간다'라는 것만으로는 부족하다. 꼭 명품 브랜드가 아닐지라도 내 복장이 상대방에게 '확실히 믿을 만한 사람'이라는 인상을 주는지 한번 점검할 필요가 있는 것이다.

7 소화력을 높이는 옷차림

After wearing good clothes,
only good things happened to me.

또 하나, '소화력을 높이는 옷'이라는 주제도 중요하다. 당연히 소화력과 복장이 무슨 관계가 있는지 의아할 것이다.

내 클리닉에서는 소화를 단순한 '위의 소화작용'으로 인식하지 않고 '소화 · 흡수 · 대사'라는 일련의 흐름으로 파악한다. 소화력이 약해지면 음식물을 제대로 소화 · 흡수 · 대사하지 못해 몸의 이곳저곳에 문제가 생긴다.

뒤에서 자세히 설명하겠지만 소화력이란, 특별히 음식을 받아들이는 데만 필요한 능력이 아니다. 정보를 습득하는 데도 소화력이 요구된다. 이 힘이 약해지면 정보를 다 소화하지 못해서 몸과 마음에도 지장을 초래하게 된다.

정보 소화력을 높이려면 좋은 정보를 흡수해야 한다. 옷을 고를 때도 직접 입어보고 '기분 좋은' 소재나 스타일의 옷을 선택해야 한다. 나도 좋은 소재를 고집하며 제대로 만들어진 옷을 입으려고 늘 신경을 쓴다. 편하게 운동복을 입거나 하라는 말이 아니다. 집 안에서 입거나 잠옷용이라면 상관없지만 앞에서 말했듯이 다른 사람을 만날 때는 상대방이 자신을 보고 받을 인상을 고려해야 한다.

또한 '싼 게 비지떡'이라는 말이 있듯이 저렴한 옷만 입다 보면 실제로는 돈이 더 많이 들어가게 된다. 싸구려 외투를 샀는데 추워서 감기에 걸리거나 금세 못 입게 돼서 해마다 다시 살 정도라면 조금 비싸더라도 좋은 옷을 하나 사서 오랫동안 입는 것이 오히려 경제적이라고 할 수 있다.

나도 실제로 좋은 옷을 골라서 깜짝 놀랄 정도로 오래 입었던 적이 있다. 또 옷을 오래 입으려다 보니 체형을 관리하게 되는 등 좋은 일만 뒤따랐다.

나는 우울증 환자에게 복장까지 지도하고는 하는데, 그 이유도 여기에 있다. 예전에 아다치구의 정신병원에서 근무했을 때 우울증에다 암까지 걸린 남성이 있었다. 그 환자는 언제나 낡아빠진 옷을 입었다. 여성 환자의 경우는 일시적으로 복장이 단정치 못하고 머리카락도 기름져서 뭉친 채로 다니다가도 병세가 좋아지면 옷과 머리카락 모두 깔끔해질 때가 많다. 그런데 남성 환자는 그와 반대로 우울증이 호전되더라도 복장에는 거의 변화가 없다.

그 남성 환자도 우울증이 낫기는커녕 한층 더 악화될 듯한 차림새로 다녔다. 그래서 "좀 더 밝은색의 옷을 입어보는 게 어때요?"라고 지도했다. 그러자 그 환자는 다음 진료를 받을 때 새하얀 바람막이 점퍼를 입고 왔다. 그런 뜻으로 한 말은 아니었지만 그래도 그 환자의 기분이 평소보다는 좋은 듯이 보였다.

여성은 의식적으로 복장에 변화를 줌으로써 기분전환을 하는 경우가 많다. 몸이 안 좋은 날 밝은색 옷을 입으면 기분이나 몸의 컨디션이 좋아진다는 것은 잘 알려진 사실이다. 평소에 기분과 복장의 관계를 신경 쓰는 여성이라면 그 효과가 어떤지도 분명히 이해할 것이다. 그런 점은 남성도 보고 배워야 한다.

가령 정장이나 넥타이를 고를 때 날마다 계속 똑같은 색, 비슷한 색을 고르는 경우가 많다면 이제 조금 밝은색에도 도전을 해보는 것이다. 한번 시험해보면 '옷차림으로 기분이 달라진다는 게 이런 거구나' 하고 효과를 몸소 실감하게 될 것이다.

그렇다고 회사원에게 느닷없이 화려한 색의 넥타이나 셔츠를 입으라고 권하는 것은 아니다. 어디서부터 시작해야 좋을지 감이 잡히지 않는다면 가족이나 매장 직원에게 물어봐도 좋다. 동료 중에 감각이 뛰어난 사람이 있다면 그 사람이 입는 옷의 색감을 참고하는 것도 좋다.

8

성공한 사람들은
왜 작은 가게를 선호할까?

The object contains the mind of the person making it.

'생산자 실명제'라는 제도가 있다. 슈퍼마켓 등에서 '이 채소를 재배한 사람은 ○○○ 씨입니다'라고 표시된 상품을 본 적이 있을 것이다. 바로 '생산자 실명제'가 도입된 상품들이다.

이것도 내가 성공한 사람을 관찰하며 알게 된 것이다. 성공한 사람들은 만든 사람이 누구인지 아는 옷을 입고 만든 사람이 누구인지 아는 음식을 먹기를 선호한다. 좀 더 정확하게 말하자면 상품에 담긴 '마음'에 민감하다고 할 수 있다.

요즘은 싸고 좋은 옷이 한창 유행인데, 이는 성공을 위한 옷을 선택하는 것과는 거리가 있다. 성공한 사람 가운데 패스트패션을 고르는 사람은 적다고 생각해도 좋다. 옷도 '정보'이기 때문이다. 보고 듣고 만져서 얻을 수 있는 정보가 있다. 되도록 좋은 정보를 얻어야 소화력을 높일 수 있다.

또한 만드는 사람의 마음도 하나의 정보다. '그런 건 옷을 입는 사람과 상관없다'라고 생각할 수 있다. 그런데 실제로 흥미로운 실험 결과가 나온 적이 있다. 미국의 심장병 전문의 랜돌프 버드(Randolph Byrd)가 기도의 효과를 실제로 검증한 것이다.

심장병 환자 393명을 두 그룹으로 나눈 후 한쪽 그룹에만 '기도하는 사람'을 배정했다. 그러자 놀랍게도 기도를 받은 그룹과 기도를 받지 않은 그룹의 병세에 뚜렷한 차이가 생겼다. 기도를 받은 그룹은 그렇지 않은 그룹보다 항생제를 투여한 횟수는 6분의 1로 적었으며, 합병증으로 폐공기증을 일으킨 환자 수도 3분의 1로 적게 나타났다. 즉 기도가 치료에 효과적이었다는 사실이 실험을 통해 증명된 것이다.

이 실험이 의미하는 바는 '마음은 통한다'는 것이다. 정보를 받아들이는 사람의 센서는 생각보다 더 민감하다고 할 수 있다. 그렇다면 재봉사의 불만이 담긴 옷과 장인의 긍지가 담긴 옷에서 얻을 수 있는 정보는 다를 것이다. 어차피 입을 거라면 불만이나 '아무래도 상관없다'는 식의 부정적인 감정이 담긴 옷보다 자긍심 같은 긍정적인 감정이 담긴 옷이 더 좋아 보인다. 성공한 사람은 바로 그렇게 생각한다.

옷뿐만이 아니다. 초밥 하나를 만드는 데도 마음이 깃든다. 그렇기에 유명한 초밥집에서 장인이 만든 초밥과 대량 생산되어 누가 만든지 모르는 초밥은 맛도 가격도 전혀 다르다. 그것은 맛뿐 아니라 정보가 다른 것이다.

정말로 좋은 물건을 얻기는 쉽지 않고 돈도 든다. 그러나 만든 사람이 누군지 알기는 그리 어렵지 않다. 거기에서 누가 어떤 마음을 담아서 물건을 만드는지 추측할 수 있다. 그래서 나는 아담한 가게를 좋아한다. 레스토랑도 그렇고 옷가게도 마찬가지다. 작은 가게에 가면 누가 무엇을, 어떤 분위기에서 만들었는지 알 수 있기 때문이다.

분홍색 속옷을 입으면
행운이 찾아온다?

A successful person thinks he is lucky.

'물건에 담긴 마음을 신경 쓰다니, 성공한 사람은 별나기도 하지.' 나도 그렇게 생각한다. 하지만 세상 사람들이 '이상하다'고 지적하는 일을 열심히 하는 사람이 성공하는 것도 사실이다.

재미있는 이야기를 들은 적이 있다. 어떤 사람이 아우디에서 나온 'R8스파이더'라는 자동차를 구매했다. 그런데 그 차를 산 이유가 스위스에서 온 예언자가 "당신은 아우디를 타는군요"라고 했기 때문이라고 한다. 게다가 그 예언자는 "빨간색 스포츠형 아우디"라고 상세하게 말했다고 한다. 그 말을 들은 순간 그 사람은 자신이 빨간색 아우디를 소유하고 있지 않았지만 뭔가 마음에 확 와닿아서 다음날 전시장에 차를 보러 갔다. 그런데 그곳에 마침 스포츠형 아우디가 있었다.

그는 '딱히 필요하지 않다'고 생각하면서도 그 차를 사기로 마음먹었다. 그러자 연이어 예기치 않은 행운이 날아들었다고 한다. 여러 곳에서 책을 출판하자는 제안이 들어왔다. 오랫동안 팔리지 않던 집도 팔렸다. 그 예언이 엄청난 행운으로 돌아온 것이다.

아우디와 행운 사이에 어떤 인과관계가 있는지는 설명할 수 없다. 그러나 '뭔지 잘 모르겠지만 마음에 와닿아서 해본다'라는 행동 양식은 성공한 사람에게서 흔히 볼 수 있다. 성공한 사람이 '무슨 일에나 운을 점치는 행동'을 많이 하는 것도 이 행동 양식에서 유래할 것이다. 그들은 사회의 일반 상식이 아니라 독자적인 징크스를 발견하기를 좋아하고, 이를 중요하게 여긴다.

'연봉은 지갑 가격의 200배가 된다', '부자는 반드시 장지갑을 사용한다'라는 내용의 비즈니스 서적이 화제가 된 적이 있다. 정말인가 싶어서 내 주위 사람들을 살펴보니 확실히 성공한 사람 가운데 실천하는 사람이 많았다. 이것도 하나의 징크스라고 할 수 있다.

이런 얘기를 듣고 나도 가격에 신경 써서 지갑을 샀었는데, 확실히 지갑 가격에 따라 연봉이 올라간다는 것을 경험할 수 있었다. 그래서 최근에 좀 더 비싼 장지갑을 구매했다. 가격은 비싸지만 디자인은 단순한데, 그것으로 내 운을 점쳐보려 한 것이다.

만약 이런 징크스가 진짜라면 내 연봉이 앞으로 얼마나 오르게 될지 기대된다.

또 어떤 운동선수가 중요한 경기가 있는 날에는 반드시 분홍색 속옷을 입는다는 말을 듣고는 나도 그렇게 해봤다. 처음엔 반신반의하며 '그냥' 입었는데 '확실히 분홍색 속옷을 입은 날은 운이 좋다'고 느낀 순간이 있었다. 그럼 이왕이면 날마다 행운이 찾아오게 하면 좋겠다 싶어 그날 이후 속옷을 몽땅 분홍색으로 바꿨다. 그랬더니 정말로 날마다 행운이 찾아왔다.

그 이유를 찾는다면 이렇게 설명할 수 있을 것이다. '나도 분홍색 속옷을 입었으니 괜찮을 거야'는 생각에 안심해서 '나쁜 일이 일어날 리가 없다'라고 믿게 된다. 그런 자신감이 있으면 일할 때도 쓸데없이 긴장해서 능률이 낮아지는 일 없이 침착하게 성과를 올릴 수 있다는 뜻이다. 야구선수에게 '타석에 들어설 때는 반드시 오른발부터', '아침식사로는 ○○를 먹는다' 등 징크스가 잔뜩 있는 것도 이런 효과를 얻기 위함이 아닐까 싶다.

징크스는 스포츠 세계에만 해당하는 것이 아니다. 경영의 신 마쓰시타 고노스케는 사원을 채용하고자 면접할 때 "자네는 운이 좋은가?"라고 물어서 "네"라고 대답하는 사람을 뽑는다고 한다. 깊은 뜻이 담긴 질문이다. 이처럼 성공한 사람은 운이나 재수의 존재를 믿는다.

10 별똥별이 떨어질 때 소원을 빌 수 있는 사람이 되라!

No man can succeed in his own strength
without help from anyone.

성공한 사람 중에는 매일 아침 기도를 하거나 매달 조상의 산소에 성묘를 가는 사람도 많다. 특히 사업하는 사람 중에는 새해 첫날이나 새로운 일을 시작할 때 자신뿐만 아니라 전 직원이 함께 시무식을 하거나 고사를 지내는 경우도 있다. 자기 집에 자그마한 제단을 꾸며놓은 경영자도 있다.

이런 습관에도 성공한 사람만의 확실한 목적이 있다. 그것은 '내가 이 세상을 잘 살아갈 수 있게 누군가가 보살펴준다'라는 강한 믿음을 가지고 있는 것이다. 그 어떤 사람도 자기 힘만으로는 성공할 수 없다. 우리는 누군가의 도움을 받으며 살아간다. 성공한 사람은 그 사실을 확인하고 새삼 감사하고자 조상이나 신에게 기도한다. 감사하다 보면 사람이나 일을 대할 때 태도가

달라진다. 감사하는 마음은 동요보다 안정감을 불러와서 최고
의 성과를 끌어낸다.

이런 의사도 있었다. 그 의사는 매일 아침 조상과 신에게 인사
했다. 인사하는 순서도 정해져 있다. 맨 처음 "오늘도 좋은 아침
을 맞이했습니다. 고맙습니다"라고 감사의 말을 꺼낸다. 그다음
으로 세계 평화를 기원한 뒤 "환자가 빨리 낫게 해주세요", "연봉
이 ○○이 되게 해주세요"라며 소원을 빈다.

이 행동을 조상과 신에게 각각 하므로 그는 하루 두 번 기도하
는 셈이다. 그의 말에 따르면 "내 소원을 빌기 전에 세계 평화를
기원하는 것이 비결"이라고 한다. '매일 아침 세계 평화를 기원
하는 사람에게 나쁜 일이 일어날 리가 없다'고 믿는 것이다.

매일 아침 이렇게 감사하는 마음을 말로 표현하면 잠재의식
에도 감사하는 마음이 스며들 것이다. 정말로 감사하는 마음이
있으면 이렇게 하는 것이 어렵지만은 않을 것이다. 그렇지 않더
라도 매일 아침 반복하다 보면 정말로 그런 마음이 들게 된다.

이러한 행동은 평소 자기 소원을 확인할 수 있다는 면에서 효
과적이다. 흔히 '별똥별이 떨어질 때 소원을 세 번 빌면 그 소원
이 이루어진다'고 한다. 평소에 아무것도 바라지 않는 사람은 막
상 별똥별이 떨어지는 장면을 보더라도 소원을 떠올리지 못하

게 된다. 소원을 즉시 생각해내지 못할 정도라면 이루어질 리도 없지 않을까? 그러나 날마다 기도하는 사람은 그렇지 않다. 그리고 잠재의식에까지 소원이 스며들 정도면 웬만한 일은 이루어지고도 남을 것이다.

11 수면 시간이 부족해도 피곤하지 않은 식습관

Your proper sleeping time depends on your diet.

일반적으로 수면 시간으로 일고여덟 시간 정도를 권하고는 하는데, 이 주장에는 의학적 근거가 딱히 없다. 적절한 수면 시간에는 개인차가 있다. 수면 시간이 여덟 시간 미만이더라도 건강하게 지내며 일에 몰두할 수 있다. 성공한 사람은 수면 시간을 확보하기도 어려울 만큼 바쁜데도 피곤한 기색이 없는 데는 이런 이유가 있다.

나는 예전에 당 끊기를 실천하는 생활과 별개로 채식주의자로 살았던 적이 있다. 그때는 수면 시간이 두 시간 반이면 충분했다. 의식적으로 그렇게 한 것이 아니라 두 시간 반을 자고 나면 저절로 눈이 떠졌다. 그래서 잠이 부족하다고는 전혀 느끼지 않고 지낼 수 있었다.

오히려 그 당시 나는 내 생에서 가장 활기 넘치는 나날을 보냈는지 모른다. 경영자 세미나를 빌미로 러시아 특수부대 훈련을 받고 킬리만자로를 등반하고 호놀룰루마라톤 대회에 참가한 것도 그 무렵이었다. 두 시간 반만 자고 바쁘게 돌아다녔지만 피로는 전혀 느껴지지 않았다.

단시간 수면으로도 피로를 느끼지 않고 활동적으로 지내는 요령은 식생활에 있다. 사람의 몸은 소화, 대사, 배설이라는 순환 과정을 거치는데, 각 과정마다 적당한 시간이 있다. 즉, 식습관을 소화 시간, 배설 시간 등 순환 과정에 맞추면 몸에 부담을 주지 않을 수 있다.

사람이 가진 에너지는 많은 신체 활동에 쓰이는데, 그중 소화 과정에서 가장 많은 에너지가 사용된다. 따라서 소화에 부담을 주지 않는 식생활을 하면 에너지가 적게 소모된다. 에너지를 쓰지 않으면 피로하지 않다. 그래서 수면 시간도 짧아지는 것이다. '어쩐지 요즘 들어 피곤하네', '잠을 자도 피로가 가시질 않아'라고 느낀다면 '무엇을', '언제' 먹는지 다시 검토해보라고 권한다.

예를 들어, 아침은 소화하는 시간이 아니라 배설하는 시간대다. 그래서 아침부터 낮까지는 무거운 음식을 피해야 한다. 소화하기 좋은 음식으로는 잘게 다지거나 볶은 음식이 있다. 또는 육류나 생선 수프에 잎채소를 뿌려 먹는 것도 추천한다. 수프와 볶은 소이라이스(물기를 뺀 두부를 볶아서 쌀 대신 먹는 것), 잎채소를 넣은 죽도 좋다. 반대로 끈기가 있는 음식은 소화가 잘 안 된다.

밤에 자기 전 늦은 시간대에 배가 고프면 따뜻한 우유를 마시자. 플레인요구르트처럼 걸쭉한 음식은 소화가 잘 되지 않으므로 밤에도 피해야 한다. 아무리 몸에 좋다고 하는 음식이라도 먹는 시간대에 따라 독이 될 수도 있고 약이 될 수도 있다.

신체적 스트레스는 정신적 스트레스로 직결된다. 귀찮게 느껴질 수 있지만 일이 늦은 시간까지 이어져 도저히 충분한 수면 시간을 확보할 수 없는 상황이라면 식생활로 수면의 질을 개선할 수 있으니 기쁜 소식이 아닐 수 없다. 의사가 지도하는 '완벽한 식생활'을 유지하기란 좀처럼 쉽지 않다는 것을 나도 잘 안다. 하지만 식생활에 관한 지식을 정확하게 가지고 있으면 선택지가 넓어진다.

12 성공한 사람들은 한 가지 일만 한다?

A successful man doesn't have only one job.

'직업은 한 가지, 부업은 금지'라는 상식은 성공한 사람에게는 적용되지 않는다. 오히려 성공한 사람들은 본업에 종사하면서 책을 쓰거나 취미와 실익을 겸해서 음식점을 경영하는 등 여러 가지 일을 동시에 해내는 경향이 있다.

나도 요즘 시대에 어떤 일이든지 '그 일 딱 한 가지만 한다'는 의견에는 위험이 많이 따른다고 생각한다. 의사의 세계에서도 마찬가지인데, 최근 치과의사에게 그 위험이 높아지고 있다. 이미 치과의사 수는 편의점보다도 많아서 그것만으로는 먹고 살아가기 힘든 지경이다.

그러나 다른 일도 10년 뒤에는 어떻게 될지 모른다. 여러 가지 일을 벌여놓으면 한 가지 일로 먹고살 수 없게 되더라도 다른 일로 생활을 꾸려나갈 가능성이 높아진다. 위험을 분산한다는 의미에서 여러 가지 일을 해놓거나 여러 가지 일을 할 수 있는 상태를 만들어놓아야 안심할 수 있다는 말이다.

무엇보다 여러 가지 일을 직접 하면 단순히 수입이 늘어나는 것만이 아니라 삶이 더 재미있어진다. 나도 실제로 경험해봤기에 이렇게 말할 수 있는 것이다. 나는 부업으로 주택 임대 사업을 하고 있다. 정신과 의사 출신이지만 암이나 아토피 치료도 병행한다. 암이나 아토피 방면의 치료는 이미 주업이 되어 이 분야에서 책을 쓸 정도다.

일을 한 가지만 하면 아무래도 대인관계가 좁아지는데, 이처럼 다방면에 걸쳐 일하면 사람을 만날 기회가 넘쳐난다. 여기에 재미를 붙여서 다음에는 복장과 건강의 관계를 연구해보고 싶다.

하지만 성공한 사람을 보고 배울 때 주의할 점이 있다. 중심이되는 한 가지 일을 확실히 만들어놓는 것이다. 여러 가지 일을 하면 수입이 늘어난다. 그런데도 '뭔가 부족하다'고 느낀다면 그것은 '이 일을 하고 싶다'라는 중심이 없기 때문이다.

그런 탓에 무슨 일을 해도 남들에게는 '소규모 장사'를 하는 사람이라는 인상만 남길 뿐이다. FX(Foreign Exchange, 외환) 투자 등도 결국 '돈을 벌 목적'으로 하는 일에 불과하다. 그래서 그 일로 수입이 늘어도 존경받지도 못하며 '저 사람은 즐거워 보이지 않는다'라는 인상을 주게 된다.

취미도 일과 마찬가지다. 한 가지를 끝까지 파고들기보다 관심이 가는 대로 자유롭게 여러 가지를 해보는 것이 성공한 사람들의 공통점이다. 그것도 음악 감상이나 영화 관람 같은 수동적인 취미보다 뭔가를 배우러 나가거나 어떤 기술을 연마하는 등 좀 더 활동적인 취미를 즐긴다. '그럴 시간을 잘도 내는구나'라고 감탄할 정도다. 실제로 한가한 사람일수록 "시간이 없다"라는 말을 입버릇처럼 달고 산다.

성공한 사람은 여유 시간을 만들어내는 데도 능숙하다. 앞에서 설명했듯이 뭔가를 배우거나 취미 활동처럼 제2영역에 속하는 것을 최우선으로 생각해서 일정에 넣는다. 이렇게 하면 의외로 쉽게 일과 학습, 취미 활동을 병행할 수 있다.

나는 그렇게 해서 첼로를 배웠다. 첼로의 주파수가 암 치유에 효과가 있다는 말을 듣고 그 효과의 정도를 연구하고 싶었기 때문이다. 음악 교실에 다니지 못해서 좌절한 뒤에는 아악기 생황을 배우기 시작했다. 지금도 한 달에 한 번씩 꾸준히 배운다. 영어는 매주 개인 수업을 듣는다. 팔세토 창법으로 소울(soul music)을 부르고 싶어서 한 달에 두 번씩 전문가에게 발성 훈련도 받는다.

'바쁘다'라는 말을 꾹 참고 흥미 있는 일을 일정 계획표에 넣어보기를 바란다. 잘하면 일로 쌓인 스트레스를 발산할 수 있는 유익한 취미가 될지도 모른다.

성공한 사람들은 무엇을
먹길래 스트레스가 없을까?

#당 끊기 #당 줄이기 #탈균형

의사가 알려주는 석 달 만에 17킬로그램 감량하는 법

Reducing Carbohydrates and Cutting Carbohydrates.

이 장에서는 주로 몸과 관계가 있는 스트레스와 그로 인한 부담, 즉 몸 상태와 병에 관해서 설명하겠다. 불편한 사실이지만 우리 몸은 한창 일할 나이가 되면 대사증후군, 당뇨병, 고혈압, 동맥경화, 암, 우울증 등 병이 표면으로 드러나거나 심각해진다. 이를 방치할수록 병원에 가는 수고와 치료비가 늘어나 건강뿐 아니라 시간과 돈도 빼앗기게 된다. 이래서는 성공과 점점 더 멀어지게 된다.

이런 문제를 단번에 해결하여 병에 대한 불안감을 없애고 싶다면 어떻게 해야 할까? 단도직입적으로 말해서 식생활 개선보다 나은 방법은 없다. 그중에서도 나는 '당 끊기(脫糖), 당 줄이기(減糖)'라는 방법을 강력히 추천한다.

당 끊기와 당 줄이기는 말 그대로 당질을 줄이거나 완전히 배제하는 식생활을 말한다. 이 방법은 '당질 제한'이라고 부르는 다이어트 법으로도 널리 알려져 있다.

방법은 매우 간단하다. 쌀밥, 빵, 면류, 과일 등 당질(탄수화물)이 함유된 음식은 최대한 피하고 육류(붉은 살 위주), 어패류, 달걀(하루 서너 개까지), 두부 등으로 식단을 구성한다. 단 부족한 비타민C는 건강보조식품으로 섭취한다.

술은 맥주 등 일부를 제외하고는 괜찮다. 식사량은 줄이지 않아도 된다. 당질만 신경 써서 제한하면 칼로리(열량)는 전혀 계산하지 않고 배불리 먹을 수 있다. 그 밖에 먹어도 되는 음식, 피해야 할 음식은 79쪽에 있는 표를 참고하기 바란다.

나도 당 끊기, 당 줄이기를 식생활에 도입한 지 5년이 넘었는데 매우 순조롭게 실천하고 있다. 가장 먼저 나타난 성과는 다이어트 효과였다. 시작한 지 한 달 만에 몸무게 5킬로그램, 석 달 만에 17킬로그램을 감량하는 데 성공해서 모두들 그 결과를 보고 깜짝 놀랐다. 뭔가를 참지 않아도 몸무게가 쭉쭉 빠져서 허리띠에 새로 구멍을 뚫어야 할 정도로 날씬해졌다.

나만 예외적으로 이런 효과를 얻은 것이 아니다. 대부분의 사람이 적어도 사흘 동안만 당 끊기, 당 줄이기를 꾸준히 실행하면 몸무게가 줄어들어 배가 쏙 들어가는 등 체중 조절 효과를 실감할 수 있다. 이 즉효성이 당질 제한의 인기에 한몫을 한다.

게다가 당 끊기와 당 줄이기는 단순한 다이어트 방법이 아니다. 당질을 제한하거나 배제하는 식생활로 우리는 대부분의 질병에서 벗어날 수 있기 때문이다.

내가 운영하는 클리닉에서는 고혈압 환자는 2주에서 1개월 사이에, 당뇨병 환자는 2주 안에 99퍼센트 병세가 호전되었다. 또 정신적인 병에서도 큰 효과를 보았다. 암이나 우울증은 당질이 원인이 되어 걸린다고 해도 과언이 아니다. 평소에 당 끊기, 당 줄이기를 하면 이런 병들을 예방할 수 있다.

단언컨대 당을 없애면 병에 걸릴 수 없다. 솔직히 말하자면 나는 '당 끊기, 당 줄이기로 140세까지 건강하게 살 수 있다'고 강력하게 믿을 정도다. 이 말만 듣고 '아무리 그래도 140세라니 바보도 아니고'라며 비웃을 수도 있다. 그런데 그게 없는 얘기가 아니다. 이제부터 그 근거를 차근차근 밝혀나가겠다.

오래도록 건강하게 살며 일에서도 큰 성공을 거둬 인생을 즐기고 싶은 모든 사람에게 당 끊기와 당 줄이기의 효과를 체험하게 해주고 싶다.

당 끊기·당 줄이기 식생활에서 먹어도 되는 음식과 피해야 할 음식

	먹어도 되는 음식	피해야 할 음식
채소류	새싹 채소(브로콜리 새싹, 무순 등) 소량, 불결구 잎채소(시금치, 쑥갓, 잎상추, 경수채 등), 허브(바질, 물냉이, 향초, 차조기 등)	뿌리채소(무, 당근, 우엉, 양파, 감자, 고구마 등), 열매채소(가지, 오이, 토마토, 피망 등), 결구 잎채소(양배추, 배추, 셀러리 등)
유제품	성분 무조정 100퍼센트 생유, (원재료가 생유와 소금뿐인) 자연치즈, 버터, 플레인 요구르트	가공유, 탈지유, 코티지치즈, 프로세스치즈(당류를 함유한 것), 마가린
음료	물, 녹차, 홍차, 우롱차 등	채소주스, 청량음료, 탄산음료, 커피, 코코아 등
술	증류주(소주, 위스키, 보드카, 진, 럼 등), 맥주(부원료가 없는 것)	양조주(포도주, 일본 술 등), 맥주(부원료를 사용한 것), 발포주, 매실주, 소흥주 등
조미료 및 기름	소금, 허브솔트, 후추, 간장, 된장, 카레가루, 고추, 마요네즈(당류를 함유하지 않은 것), 올리브유, 들기름(차조기 기름), 식초, 가다랑어포, 다시마, 건표고	장국, 소스, 케첩, 마요네즈(당류를 함유한 것), 폰즈소스, 미림, 요리용 술, 맛간장, 샐러드유
곡물류	잡곡(밀기울), 밀기울 빵, 밀기울 국수	쌀(정백미, 현미), 빵, 우동, 메밀국수, 소면, 라면, 스파게티와 마카로니, 쌀국수, 옥수수전분 등, 밀가루나 녹말, 튀김가루, 갈분
단백질 식품	육류, 어패류, 달걀, 두부	살라미, 콘비프, 어육가공품(당류를 포함한 것), 햄, 소시지(당류를 포함한 것), 비지, 두유

홈페이지 '아라키 박사의 저탄수화물 식품(Dr. Araki's LOW CARB FOODS)'을 참고해 작성

2 식사 후 의욕이 오르지 않는 사람들을 위한 처방

It's the sugars that make you feel languid after a meal.

현재 병에 걸리지 않은 사람, 매우 건강하다고 생각하는 사람도 꼭 당 끊기나 당 줄이기를 시도해보기 바란다. 그 효용은 모든 사람이 실감할 수 있을 정도인데, 가령 '당 끊기, 당 줄이기를 통해 효율적으로 일할 수 있고 높은 성과를 올릴 수 있다'고 한다면 흥미가 생기지 않을까?

'점심을 먹고 나면 졸려서 일이 손에 잡히지 않는다'는 핑계로 빈둥대는 경우가 종종 있다. '피가 배로 몰리기 때문에 머리가 안 돌아가는 것은 당연하다'라고 변명할 수도 있지만, 그건 사실이 아니다. 식후의 졸음은 식사에 함유된 당질의 소행이다.

당질을 섭취하면 신경전달물질인 도파민의 분비량이 줄어든다. 도파민은 사람에게 의욕과 활력을 불어넣는 존재다. 도파민이 줄어들면 의욕이 사라져서 나른해지고 잠이 오는 것이다. 특히 쌀밥이나 면류 등 탄수화물 위주의 식사를 하면 더 졸리게 된다. 직장인이 당질을 마음껏 먹는다면 업무에 집중하기 어려운 상황이 될 것이다. 일의 능률이 떨어지는 것은 말할 것도 없다.

반대로 당 끊기, 당 줄이기 식습관에 신경 쓰면 졸려 하는 주위 사람들과 달리 오후에도 열심히 일할 수 있다. 그러니 성공하고 싶다면 반드시 당 끊기, 당 줄이기를 적극적으로 도입할 필요가 있다.

평소에 당질을 제한하거나 배제하는 생활을 하면 몸이 예민해져서 소량의 당질에도 반응한다. 나는 5년 넘게 꾸준히 당 끊기, 당 줄이기를 해와서 가끔 당질을 섭취하면 한 입만 먹어도 잠이 쏟아진다. 이는 개인차가 있을 수 있는데 목이 막히는 듯한 느낌이 들기도 한다고 한다. 주먹밥을 하나만 먹어도 목이 막히는 것처럼 말이다.

최근 어느 고등학교에서 점심 식단을 '탄수화물 제외 식단'으로 짠다는 이야기도 있다. 오후에 잠이 오는 것을 방지하겠다는 것이다. 실제로 그 학교에서는 수업 시간에 조는 학생이 급격히 줄었다고 한다.

3

'균형 잡힌 식사'가
건강을 해친다

Carbohydrates are just fuel for energy.

당 끊기, 당 줄이기를 시작하면 일반적으로 말하는 '균형 잡힌 식사'와는 다른 메뉴가 식탁에 오른다. '이렇게 먹고 정말 건강해질까?', '탄수화물을 금지하면 금세 배고프지 않나?'라며 걱정하는 사람도 있을 것이다.

하물며 '사람은 밥심으로 산다'라는 신조는 매우 뿌리 깊다. 그러나 이런 것은 전부 '억측'에 지나지 않는다. 또 그 억측이 건강을 해친다. 이 오해는 꼭 풀고 싶다.

확실히 당질, 즉 탄수화물은 단백질, 지방(지질)과 나란히 인간이 살아가는 데 필수적인 3대 영양소로 꼽힌다. 하지만 각각의 기능을 잘 살펴보면 당질은 '많지 않아도 된다'는 것을 알 수 있다.

3대 영양소의 기능을 복습해보자. 단백질은 체내에서 아미노산으로 분해되어 근육과 뼈, 장기, 혈액, 피부 등 몸의 모든 부분을 구성하는 원료가 된다. 단백질이 없으면 새로운 세포를 만들 수 없다. 물질대사도 나빠져서 활력과 젊음을 유지하기 어렵다. 또 단백질은 호르몬의 재료, 대사나 소화를 돕는 효소의 원료가 되기도 한다.

지질도 중요하다. 지질은 우리 몸을 구성하는 60조 개의 세포를 각각 감싸주는 세포막의 주성분이다. 또한 혈관을 유연하게 보호하여 동맥경화를 예방한다. 호르몬과 적혈구의 헤모글로빈, 담즙산 등의 재료이기도 하다. 단백질과 마찬가지로 건강을 유지하려면 지질도 반드시 먹어야 한다.

평소에 지질은 '열량이 높아서 살이 찌는 원인이니 섭취하지 않는 게 좋다'라며 나쁜 놈 취급을 하는데, 이는 당치도 않은 말이다. 지질을 제한하면 건강한 몸을 얻을 수 없다.

그렇다면 당질의 기능은 무엇일까? 당질은 체내에서 포도당으로 분해되어 에너지로 쓰인다. 단지 그뿐이다. 즉 단순한 연료인 것이다.

4 별로 먹지도 않았는데
왜 배가 나올까?

The problem is not lipid, but carbohydrates.

'연료가 없으면 차가 움직일 수 없듯이 인간에게도 당질이 필요하지 않겠는가?'라고 생각할지 모른다. 일리가 있다. '그래서 당질 제한은 위험하다, 건강을 망친다'라고 걱정하는 사람도 있다. 그런데 '인간은 체내에서 당을 만들 수 있다'라고 하면 어떨까?

정확히 말하자면 에너지가 되는 것은 당질 자체가 아니라 당질로 만들어지는 포도당이다. 또 포도당은 단백질과 지질로도 만들 수 있다. 체내의 포도당이 떨어지면 근육의 단백질이 분해되어 만들어지는 아미노산과 중성지방이 분해되어 만들어지는 글리세롤을 원료로 해서 간이 포도당을 만들어낸다.

사는 데 필요한 에너지는 이것으로 충분히 조달할 수 있다.

'혈액 1밀리리터 속의 혈당치×혈액량'으로 계산하면 성인이 하루에 반드시 섭취해야 하는 당질량을 알 수 있는데, 그 양은 고작 4그램이다.

그런데도 사람은 음식에서 당질을 너무 많이 섭취한다. 일상적으로 몸을 움직이는 운동 애호가라면 섭취한 당질을 모두 에너지로 소비할 수 있다. 하지만 매일 책상에 앉아 일하고, 운동은 회사와 집을 왕복하는 것뿐인 사람이 밥과 면류를 실컷 먹으면 그 당질은 거의 소비되지 않고 몸에 남아 있게 된다. 이 '다 쓰지 못해 남아도는 당질'이야말로 온갖 병의 원흉이다.

당이 가져오는 무시무시한 결과로 가장 대표적인 것은 비만이나 대사증후군일 것이다. 소비하지 못해 남아도는 당질은 전부 간에서 중성지방으로 바뀌어 피부밑지방, 내장지방, 근육내지방으로 체내에 쌓여간다. 이제 알겠는가? 지질을 섭취해서 몸에 지방이 붙는 것이 아니다. 앞에서 말했듯이 지방은 건강을 유지하려면 반드시 섭취해야 하는 영양소다.

소비하는 에너지보다 더 많은 당질을 계속 섭취하면 체지방이 늘어나서 복부가 내장지방으로 퉁퉁해진다. 단순히 과식 탓이 아니다. 오히려 '별로 먹지도 않았는데 왜 배가 나올까?'라며 의문스러워하는 사람이 많지 않은가? 그 원인은 바로 당질 때문이다. 식사량이 많아서 살찌는 것이 아니다.

'나이를 먹으면 당연히 배가 나온다'라는 것도 오해다. 식사에 함유된 당질 때문에 살이 찌는 것이다. 또 끔찍하게도 당질은 강하게 의식하지 않으면 누구든지 지나치게 많이 섭취하게 된다.

당질은 이른바 '단것'에만 함유된 것이 아니다. 쌀밥이나 빵, 면류 등 탄수화물류 그리고 과일, 채소 등에도 많이 들어 있다. 일본 후생노동성도 '단백질은 13~20퍼센트, 지질은 20~30퍼센트, 탄수화물은 50~65퍼센트로 섭취하라'라며 탄수화물 섭취를 강력히 권장한다(한국 보건복지부에서 발표한 〈2015 한국인 영양소 섭취 기준〉에 따르면 에너지적정비율을 단백질은 7~20퍼센트, 지질은 15~30퍼센트, 탄수화물은 55~65퍼센트로 섭취할 것을 권장한다). 그 결과 많은 사람들이 당질에 중독된 상태가 되었다.

이미 WHO(세계보건기구)는 '현대인은 설탕을 지나치게 섭취한 탓에 병에 걸릴 위험이 높아져서 걱정스럽다'라고 발표했다. 그래서 그전까지 총 열량의 10퍼센트 미만이었던 하루 설탕 사용량을 5퍼센트 미만으로 억제하는 식생활을 권장한다.

'아무리 그래도 이건 너무 심하지 않느냐', '캔 커피 하나도 못 마시지 않느냐'는 항의도 쏟아졌다. 하지만 나는 이렇게 해도 여전히 당질의 양이 많다고 생각한다. 과감하게 당 끊기, 당 줄이기를 해야 당질에 중독된 생활에서 벗어날 수 있다.

약이나 인슐린 주사 없이
당뇨병과 고혈압을 치료하는 법

The cause of diabetes and hypertension is sugars.

과도한 당질이 일으키는 대사증후군은 더욱더 무서운 병을 가져온다. 그 예로 당뇨병을 들 수 있다. 당뇨병에는 주로 자가면역 때문에 발생하는 1형 당뇨병과 생활 습관 때문에 발생하는 2형 당뇨병이 있다. 당뇨병 환자는 대부분 2형 당뇨병을 앓는다.

2형 당뇨병을 일으키는 요인은 체지방이다. 체지방이 늘어나면 혈당치를 조절하는 인슐린이라는 호르몬의 기능이 저하한다. 그 결과 혈당치가 떨어져서 당뇨병이 생기는 것이다. 그래도 뇌는 혈당치를 낮추려고 이자(췌장)에 '인슐린을 분비하라'라고 계속 명령해서 고인슐린혈증(혈액 속의 인슐린 수치가 올라간 상태)을 일으킨다. 이것이 또 고혈압과 통풍을 불러오는 요인이다. 이래서 당뇨병이 무서운 것이다. 당뇨병은 합병증을 일으켜서 몸의 여러 기능을 손상시킨다.

보통 당뇨병으로 병원에 가면 '균형 잡힌 식사를 하면서 열량을 제한하고 지질 섭취를 줄이세요'라고 권장한다. 솔직히 이런 식단은 매우 지키기 어렵다. 열량을 엄격하게 제한해서 먹고 싶어도 먹지 못하는 나날이 이어진다. 밖에서 외식하는 것은 꿈도 꿀 수 없다. 이렇게 해도 혈당치는 좀처럼 내려가지 않는다. 그 원인은 뻔하다. 혈당치를 올리는 것은 당질이지 단백질이나 지질이 아니다. 제한해야 할 것은 열량이 아니라 당질이다.

애초에 당질 과다 섭취가 당뇨병의 원인이므로 당연히 당 끊기와 당 줄이기가 효과적인 치료법이다. 확실히 식단에서 당질을 제한하거나 배제하면 오랫동안 당뇨병으로 고생해온 사람이라도 당뇨병이 완치된다. 내 클리닉에서 정한 치료 방침은 다음과 같다.

- 약이나 인슐린 주사는 중지한다.
- 쌀밥이나 빵 등 당질을 함유한 음식을 피하고 육류나 생선 등 동물단백질을 섭취한다.
- 근육량을 늘려서 당대사(에너지원으로 포도당을 이용하는 대사 과정)를 촉진하도록 근육을 단련한다.

이 방침을 통해 99퍼센트의 확률로 당뇨병을 고칠 수 있다는 것을 실감했다. 당뇨병은 사실 간단히 고칠 수 있는 병이다. 일찌감치 당 끊기, 당 줄이기에 신경 쓴다면 대사증후군에 걸릴 일도 없다. 식사를 엄격하게 제한할 필요도 없다.

염분을 너무 많이 섭취해서 발병하는 것으로 알려진 고혈압도 우리에게 친숙한 병이다. 고혈압 역시 그냥 내버려 두면 동맥경화나 심장병 등을 일으킨다. 그런데 고혈압도 당 끊기, 당 줄이기로 99퍼센트 치료할 수 있다. 당뇨합병증으로 고혈압이 발생하는 것만 봐도 알 수 있듯이 당질로 인해 생기는 병이기 때문이다. 당질을 지나치게 섭취하는 식생활로 체지방이 늘어나면 신장의 염분 배설 기능이 저하한다. 원래 신장은 염분을 여과해서 몸 밖으로 배출하는 역할을 하는데, 이 기능이 원활하지 않게 된다. 신장은 어떻게든 염분을 배출하려고 혈액량을 늘린다. 이 것이 고혈압으로 이어진다.

고혈압을 유발하는 원인은 또 있다. 당질을 너무 많이 섭취해서 인슐린 수치가 올라간 상태가 되면 인슐린의 영향으로 교감신경이 긴장하게 된다. 그러면 교감신경은 심박수를 올리도록 작용해서 결과적으로 혈압도 올라가는 것이다.

6 문제는
내장지방

The problem is not lipid, but carbohydrates.

'통풍'은 한창 일할 나이대에 많이 생긴다. 어느 날 갑자기 다리에 심한 통증이 느껴지고 마음대로 걸을 수도 없다면 통풍을 의심해봐야 한다. 잘 알려져 있듯이 통풍의 원인은 요산이다. 그 원료가 되는 것이 푸린체(purine bodies)다.

맥주는 술 가운데 푸린체가 특히 많다. 통풍을 예방하려고 맥주를 참거나 '푸린체 0퍼센트' 맥주를 즐겨 마시는 사람도 있을 것이다. 그 밖에도 푸린체가 많이 함유된 간이나 이리 같은 내장, 생선알 등을 섭취하지 않는 사람도 있을 것이다.

하지만 당질만 제한하면 통풍을 걱정하지 않아도 된다. 맥주를 마셔도 되고 호화로운 식사를 해도 무방하다. 그 이유는 무엇일까?

통풍의 원인인 푸린체는 음식으로 섭취되긴 하지만, 그 양이 30퍼센트 정도에 지나지 않기 때문이다. 나머지 70퍼센트는 체내에서 만들어진다.

간에서 푸린체를 요산으로 분해하고, 신장이 요산 배설 기능을 통해 그것을 몸 밖으로 배출한다. 그러나 당질을 너무 많이 섭취한 탓에 내장지방이 쌓여서 신장 기능이 저하하면 요산을 몸 밖으로 잘 배출하지 못하게 된다. 그런 식으로 체내에 남은 요산이 결정을 이루어 발가락 등 관절 부분에 쌓이면 극심한 통증을 일으키게 되는 것이다.

보통 병원에서는 통풍 환자에게 '푸린체를 제한하세요'라고 지도하는데 거기서 오해가 시작된다. 체내에 푸린체가 늘어난 원인은 식품으로 푸린체를 많이 섭취해서가 아니라 당질을 너무 많이 섭취해서 쌓인 내장지방 때문이다. 따라서 통풍도 당 끊기와 당 줄이기로 예방하고 치료할 수 있다.

7 암세포는
당질을 먹고 자란다

Cancer cells multiply by taking in glucose.

　　'암'은 사망 원인 1위에 군림하는 최고의 병이다. 두 명 가운데 한 명이 평생에 한 번은 암에 걸리고 세 명 가운데 한 명이 암으로 죽는다. 이러한 암의 주요 발병 원인도 당질이라고 볼 수 있다. 암세포는 포도당을 주요 양분으로 삼아 증식하기 때문이다.

　　원래 우리 체내에서는 날마다 3,000~5,000개의 암세포가 만들어진다. 우리 몸의 면역체계(immune system)가 정상적으로 기능하면 이 정도는 문제없이 제거할 수 있다. 하지만 면역 기능이 저하해서 암세포 증식을 제어하지 못하면 암이 발생한다.

　　이때 암의 먹이가 되는 것이 바로 '당질'이다. 암세포는 정상적인 세포의 세 배에서 여덟 배나 되는 포도당을 먹고 점점 증식

한다. 참고로 이 성질을 이용한 암 검사가 PET(Positron Emission Tomography, 양전자단층촬영법) 검사다. 환자의 체내에 포도당과 비슷한 구조의 약물을 투여하면 암세포가 약물을 받아들인다. 이 약물은 촬영기기에 찍히는 특성이 있어서 약물을 투여한 뒤 촬영하면 아주 초기의 암이라도 위치와 크기를 특정할 수 있다. 암 연령대라고 불리는 40세 이상의 나이에 당질을 계속 섭취하는 것은 암세포를 일부러 키우는 행위나 마찬가지인 것이다.

내 클리닉에서는 항암제 투여나 방사선요법을 시행하지 않고 환자에게 당 끊기와 당 줄이기를 실천하게 한다. 일종의 대체의학 요법인 셈이다. 그리고 거기에 항암제 대신 초고농도의 비타민C 점적주사(많은 양의 약물을 높은 곳에서 한 방울씩 떨어뜨려서 긴 시간에 걸쳐 정맥으로 흘러들도록 하는 주사)를 투여한다. 이 방법으로 대부분 말기 암 환자가 완치되었다.

뜬금없이 비타민C가 등장했는데 왜 비타민C가 암에 효과적일까? 그 이유는 포도당과 비타민C의 화학 구조가 비슷하기 때문이다. 당 끊기를 하면 배가 고파진 암세포는 비타민C를 포도당으로 착각해서 받아들인다. 그러면 비타민C는 암세포 안에서 독성이 있는 과산화수소를 발생시켜 암세포를 죽인다.

대체의학 요법이라고는 하지만 2005년에 미국 국립보건원

(National Institutes of Health), 미국 국립암연구소(National Cancer Institute), 미국 식품의약청(Food and Drug Administration)에서도 '약리학적 고농도 비타민C는 과산화수소를 생성하여 암세포를 죽인다'라고 발표한 바 있다. 이 치료법은 과산화수소에 독성이 있다고 해도 정상적인 세포에는 영향을 주지 않으며, 항암제와 같은 부작용이 없는 점이 특징이다.

일반적으로 알려진 것, 밖으로 보여지는 성과가 반드시 옳다고 할 수는 없다. 암 치료만의 얘기가 아니다. 시야를 넓혀서 믿을 만한 사람의 이야기를 듣고 자신이 가장 이해할 수 있는 치료법을 선택할 수 있어야 한다.

스트레스 · 우울감 · 폭식의 악순환을 끊자

A sound mind in a sound body.

우울증과 조현병 같은 마음의 병도 당질이 원인일 때가 있다. 당질은 뇌에서 분비되는 신경전달물질과 자율신경 등의 기능을 방해한다. '당뇨병 환자에게는 우울증이 많이 생긴다'는 데이터가 있는 것도 당질이 마음과 관련된 문제의 원인이라고 볼 수 있는 근거다.

원래 우울증은 다음과 같은 구조로 발병한다. 뇌에서 분비되는 신경전달물질에는 세로토닌, 노르아드레날린(주의와 충동성을 제어하는 뇌 부분에 영향을 미치는 스트레스 호르몬), 도파민 등 다양한 종류가 있다. 이러한 신경전달물질을 균형 있게 분비할 때 우리는 안정적인 정신 상태를 유지할 수 있다.

그런데 당이 그 분비를 방해한다. 이자는 당을 섭취해서 급상

승한 혈당치를 낮추려고 인슐린을 대량으로 분비한다. 이 인슐린이 자율신경을 자극하면 뇌에서 신경전달물질을 분비하는 데 이변이 생겨서 도파민 분비량이 저하한다. 도파민은 의욕이나 활력을 주관하는 호르몬이다. 이것이 줄어들면 왠지 답답한 기분이 드는 등 우울 증상이 나타난다.

하지만 우울증이 꼭 식생활 때문에 생기는 것만은 아니다. 직장 내 인간관계에서 스트레스를 받거나 과도한 업무로 인해 피로감을 느끼면 신경전달물질의 양이 감소해 정신의 안정을 유지하게 하는 기능을 떨어뜨리기도 한다.

이 스트레스나 피로의 문제를 근본적으로 해결하기란 매우 어렵다. 일단 한 사람에게 할당되는 업무량은 점점 늘어난다. 회사는 정리해고로 인원을 감축하는데 회사 전체의 업무량은 그대로, 아니 오히려 늘어나기 때문이다. 요구되는 집중력과 기술 수준도 더욱 높아진다. 여기에서 엄청난 스트레스가 발생한다. 유감스럽지만 한가롭게 자기 페이스대로 일할 수 있는 시대는 끝났다. 그래서 당 끊기나 당 줄이기만으로 우울증이 완치된다고 할 수는 없다.

그러나 건강한 육체에 건강한 정신이 깃든다는 사실을 기억하길 바란다. 최근 '사내 우울증'이라는 말이 새롭게 대두되고 있다. 그만큼 직장에서 인간관계나 과도한 업무로 괴로워하는 사람이 많다는 의미다. 이 '사내 우울증'은 인간관계나 근무 상태 등 직장 환경이 원인이므로 그것을 먼저 개선해야 하는 것일 수도 있다. 그렇지만 원인이 심각한 직장 환경에 있다고 해도 당질을 대량으로 섭취해서 도파민이 저하하면 우울증이 좋아지기는커녕 더 심해질 뿐이다. 좀 더 독하게 말하면 과도한 당질 섭취로 인해 도파민이 저하된 상태이기 때문에 직장 환경에 적응하지 못하고 능률도 올리지 못하는 것이다.

앞에서 말한 대로 일이 힘들면 식생활에 신경 쓸 여유도 없기 마련이다. 하지만 이렇게 생활하면 나을 수 있는 병도 안 낫는다. 기운을 북돋겠다며 점심때 돈가스덮밥을 먹으면 오후에 나른해져서 일할 의욕도 안 생긴다. 일은 진척을 보이지 않아 결국 시간외근무를 한다. 그래도 일이 끝나지 않아서 아침 일찍 출근한다.

그런데 스트레스가 쌓인 나머지 수면의 질이 나빠져서 잠을 자고 일어나도 기분이 안 좋다. 그 결과 능률은 오르지 않고 일은 쌓이고 또 쌓여서 상사에게 혼난다. 다시 스트레스가 쌓인다. 그래서 오늘도 스트레스를 먹는 것으로 풀 생각으로 돈가스덮밥을 먹는다……. 그야말로 악순환이 계속된다. 이런 상태에서는 무서운 병이 생기지 않는 게 오히려 이상하다.

이 악순환을 멈출 수 있는 것은 당 끊기와 당 줄이기뿐이다.

단것이나 탄수화물을 좋아하는 사람, 스트레스가 쌓일 때마다 그런 음식을 섭취하는 사람은 특히 고려해봐야 한다.

일하면서 느끼는 짜증이나 불안, 기분 저하도 사실은 당질이 원인일 수 있다. 그렇다고 생각하면 사흘만이라도 당 끊기, 당 줄이기를 시도해보기 바란다. 당 끊기, 당 줄이기로 기분을 상쾌하게 한 뒤에 직장 환경을 개선해도 늦지 않는다.

밤과 낮의 스위치가
고장 나지는 않았는가?

Treatment to cure mental illness by reducing sugars.

당질을 너무 많이 섭취해서 생기는 고인슐린혈증은 자율신경기능이상(교감신경과 부교감신경 사이의 긴장도가 평형을 잃은 상태)을 일으킨다. 구체적으로는 수면 부족, 권태감이나 두통, 현기증, 짜증, 두근거림 같은 증상이 나타난다.

자율신경은 혈압과 체온 조정, 호흡이나 소화 등 중요한 몸의 기능을 조절한다. 이 기능이 망가지는 것이 자율신경기능이상이다. 자율신경에는 인간이 활발하게 활동할 때 작용하는 '교감신경'과 쉴 때 작용하는 '부교감신경' 등 두 종류가 있다. 두 가지 신경은 정반대의 기능을 한다.

아침이 되면 교감신경이 우위에 서서 흥분 상태가 되어 열심히 일할 수 있다. 밤에는 부교감신경이 우위에 서서 몸과 마음을 쉬게 한다. 이렇게 낮과 밤의 스위치를 전환하며 육체는 활동과 휴식의 균형을 잡는다.

그런데 고인슐린혈증이 생기면 교감신경을 자극하므로 신경이 늘 흥분 상태에 놓이게 돼 밤에도 몸과 마음이 쉴 수 없다. 잠이 얕게 들어 피로가 풀리지 않는다. 결국에는 그 영향이 온몸에 미쳐 두통과 현기증, 수족냉증 등이 나타난다.

짜증이나 집중력 저하 등 정신적인 증상도 나타난다. 그래서 병원에 가면 신경안정제나 항우울제를 처방해준다. 그러나 이것으로는 병의 원인을 없애지 못한다. 이런 식의 처방은 겉으로 드러난 증상에만 대응해서 치료하는 대증요법에 지나지 않는다. 근본적으로 치료하려면 역시 당을 지나치게 섭취하는 식생활을 개선하라고 권하고 싶다. 당 섭취를 줄이거나 완전히 끊으면 체지방을 줄이고 인슐린의 기능을 향상시킬 수 있다. 이런 식으로 고인슐린혈증을 피하는 것이다.

우울증이나 자율신경기능이상을 치료하려면 당 줄이기를 시도하면서 동시에 스트레스를 유발하는 외부 환경도 개선해야 한다. 그런데 당 끊기와 당 줄이기만으로 완치되는 마음의 병도 있다. 바로 조현병이다.

조현병의 주요 증상은 환청이나 망상 등으로, 각성제 중독 증상과 유사하다. 당질을 섭취하면 뇌에서 베타 · 엔도르핀이 분비되어 만족감과 행복감을 느끼게 되는데, 너무 강력하게 작용하는 탓에 중독성이 생긴다. 행복감을 바라며 당질을 계속 섭취하면 베타 · 엔도르핀 의존증에 걸리기도 한다. 이것이 조현병의 한 가지 요인이라고 할 수 있다.

그 증거로 당질을 사흘 정도 완전히 끊으면 조현병 증상이 사라진다. 하지만 평생 증상을 억제하고 싶다면 평생 당 끊기를 해야 한다. 괴로운 일이 아닐 수 없다. 2년 동안 당질을 참은 덕에 조현병 증상이 사라져서 취직까지 한 환자가 있었는데, 마음이 해이해져서 당질을 조금 섭취했다가 그 즉시 망상 증세가 다시 나타난 사례도 있다.

그래서 효과가 크다는 것을 알지만 조현병 환자에게는 당 끊기를 권하지 않는다. 평범한 생활을 하며 자기 의지만으로 당 끊기를 지속하기란 매우 어려운 일이다. 대부분 사람은 쌀밥, 라면, 메밀국수, 우동 등 탄수화물에 중독된 식습관으로 되돌아오고 만다. 이런 당질 위주의 식생활은 앞으로 해결해야 할 큰 문제다.

10 쌀밥의 역사는 짧다

Humans are actually carnivores.

여기까지 읽고 '그 정도로 나쁜 영향을 끼치는데 어째서 당질을 계속 섭취해왔지?'라고 의문을 품는 사람도 있을 것이다. 동아시아는 쌀 문화권이다. 쌀을 먹기를 추천할지언정 '병에 걸리니 쌀밥은 먹지 말라'고 알려준 사람은 아무도 없었을 것이다.

확실히 옛날에는 쌀밥을 중심으로 식사를 해도 문제가 없었다. 자동차나 전철, 에어컨도 없고 집안일은 대부분 손수 하던 시대였기에 온몸을 움직이며 생활해야 했다. 그래서 많은 에너지가 필요했고, 당질을 듬뿍 섭취해도 확실히 다 소비할 수 있었다.

그러나 지금은 환경이 많이 달라졌다. 현대인의 생활이 얼마나 편해졌는지 생각해보자. 이동은 전철, 버스, 자동차로 하고,

집안일은 가전제품에 맡긴다. 여름에는 냉방기를, 겨울에는 난방기를 켜놓고 생활한다. 그러니 몸이 소비하는 에너지라고 해봤자 얼마 안 될 것이 뻔하다. 그런데 시대의 변화와 상관 없이 식습관은 여전히 쌀밥 중심이다. 에너지를 소비할 데가 없다보니 섭취한 당질 대부분이 체지방으로 몸에 쌓여간다.

이제 알겠는가? 전통적인 식생활이야말로 당질을 지나치게 섭취하게 한다. 또 그것이 전통이라고 생각해왔기에 그만두지도 못한다. 쌀밥뿐이 아니다. 생선조림이나 감자소고기조림 등 반찬 종류에도 설탕이 잔뜩 들어간다. 이런 음식을 계속 먹는 한 자기도 모르는 사이에 당질을 너무 많이 섭취하게 된다. 슬슬 전통적인 식생활을 점검해봐야 하지 않을까?

그런데 '쌀밥 문화가 우리의 전통'이라는 말 자체가 억지스럽다. 탄수화물을 주식으로 삼은 것은 인류사에서 매우 이례적인 현상이기 때문이다. 서양인은 육식을 즐기지만 동양인은 농경 민족이라서 곡물 중심의 식사를 한다는 인식도 오해다.

사람은 원래 육식을 했다. 400만 년(또는 700만 년) 전 아프리카에서 탄생한 인류의 조상은 수렵·채집을 하며 전 세계를 여행하다가 약 1만 년 전에 동아시아에 정착했다. 당시 이 땅에 정착한 인류가 먹은 것은 동물이나 생선, 조개류다. 농사를 짓기 시작하고 쌀을 먹게 된 것은 불과 2,000년 전부터다. 인류는 400만 년의 역사에서 2,000년만 쌀을 먹은 것이다.

몸의 구조를 봐도 인류가 확실히 육식동물인 것을 알 수 있다. 소나 사슴 등 초식동물의 소화기관을 보면 구조가 매우 복잡하다. 거기에 박테리아(세균)가 서식하며 초식동물이 먹은 음식을 분해한다. 그 덕분에 초식동물은 생존하는 데 필요한 필수아미노산과 비타민을 체내에서 만들어낼 수 있다.

하지만 인간에게는 그런 기능이 없어서 아미노산이든 비타민이든 음식을 통해 섭취할 수밖에 없다. 인간의 소화기는 식물성 식재료에 아직 적응하지 못했다. 게다가 육식용 몸이라서 탄수화물을 섭취하면 혈당치가 올라가기 쉽다.

또한 수렵 · 채집 생활을 했던 시대에 인류는 사냥감을 며칠 얻지 못해도 곤란하지 않도록 체내에 에너지를 축적하는 기능을 발달시켰다. 약간의 에너지를 효율적으로 사용하고 남은 에너지는 지방으로 축적하는 것은 수렵 · 채집을 하던 시절의 사람에게는 살아남으려면 반드시 필요한 기능이었다. 그렇지만 수렵 · 채집 생활이 끝나고 곡물 중심의 식생활로 바뀌자 그 기능이 역효과를 낳았다. 섭취한 당질을 모두 다 소비하지 못하고 남은 분량을 중성지방으로 체내에 축적하는 것이다. 이것이 바로 대사증후군이 발병하는 원인이다.

11 탄수화물이 없으면 불안해지는 당신은 당 중독자

Carbohydrates are addictive.

여기까지 보고 당질의 악영향에 대해 이해했더라도 당질 제한에 거부감을 느끼는 사람도 많을 것이다. 유행하는 당질 제한을 실천해서 그 효과를 피부로 느끼면서도 좌절하는 사람도 꽤 많다. 그 원인은 당의 중독성에 있다. 당에는 의존성이 있어서 당질은 마약이나 담배, 술과 마찬가지로 '끊고 싶어도 끊을 수 없는' 존재다.

당질을 섭취하면 뇌에서 베타 · 엔도르핀이라는 쾌감 물질이 분비된다. 이 물질에는 암 환자의 통증을 억제하는 모르핀이라는 마약과 똑같은 효능이 있다. 베타 · 엔도르핀은 육체적인 고통이나 스트레스를 완화하고 행복한 기분이 들게 한다.

즉 당질을 섭취해서 쾌감을 얻으면 뇌가 당질은 맛있다고 인식해서 더 먹고 싶다는 욕구가 높아지는 것이다. 그러므로 탄수화물은 '고질병'이 된다. 술을 실컷 마신 뒤에도 라면을 먹는 사람이 있는가 하면, '디저트 배는 따로 있다'고 하는 사람도 있는데, 이 또한 당질의 중독성에서 이유를 찾을 수 있다.

반대로 당질을 섭취하지 않으면 초조해지는 등 금단 증상이 나타나기도 한다. 피곤할 때 단것을 먹으면 피로가 풀리는 듯한 이유도 그 음식이 맛있어서라기보다 금단 증상이 일어났다가 당을 섭취하면 안정되기 때문이다.

의존성이 있는 당질을 제한하는 것은 확실히 어려운 일이다. 대마초나 각성제 등 마약을 끊기 어려운 것과 마찬가지다. 하지만 당질로 얻을 수 있는 행복은 아주 일시적일 뿐이다. 오히려 그 위험을 고려하면 당 끊기, 당 줄이기로 얻을 수 있는 건강한 육체와 일의 성공이 훨씬 더 큰 행복을 가져다준다는 것을 명심하자.

그리고 '쾌감을 고통으로 바꾸는' 습관을 들이자. 단것을 섭취하면 일시적으로 만족해서 기분이 좋아진다. 하지만 거기에 얼마나 많은 당질이 들어 있는지 구체적으로 생각해보면 도저히 기분 좋게 지낼 수 없을 것이다.

예컨대 콜라(500밀리리터)는 각설탕 열다섯 개 분량, 캔 커피는 세 개 분량의 당질을 함유한다. 똑같은 양의 설탕을 그대로 먹는다고 상상해보자. 소름 끼치지 않는가? 참고로 이 방법으로 계산하면 돈가스덮밥은 각설탕 스무 개 분량, 볶음국수는 열여덟 개 분량, 식빵 한 개(1.8센티미터 두께)는 여섯 개 분량 정도가 들어 있다.

이렇게 자신이 평소에 얼마나 많은 당질을 섭취하는지 알면 당질을 먹을 때 느끼는 쾌감이 고통으로 바뀐다. 인간은 원래 고통을 피하는 생물이므로 이렇게까지 하면 당질이 적은 식재료를 선택하게 될 것이다.

마지막으로 당 끊기, 당 줄이기를 결심하는 요령 한 가지를 더 알려주겠다. '당 끊기, 당 줄이기는 자신을 위해서가 아니라 남을 위해서 한다'라고 생각하는 것이다. 앞에서 성공한 사람은 타인의 자기중요감을 충족해줄 수 있는 사람이라고 설명했다. 즉 자신의 행복뿐 아니라 타인의 행복을 생각할 수 있는 사람이다.

자신이 병이 들면 소중한 가족과 친구, 회사 동료, 앞으로 자신이 공헌할 사람들 등에게도 많은 고통을 안겨주게 된다. '자신을 위해서'라기보다 '타인을 위해서' 실천하겠다는 각오로 당질 중독에서 벗어나자. 그러면 결과적으로 자신의 자기중요감을 높일 수 있다.

12 증상을 억제하는 것만으로는 부족하다

One of alternative medicine.

서양의학의 상식에 사로잡혔던 동안에는 당 끊기, 당 줄이기의 진가를 미처 깨닫지 못했다. 나도 서양의학을 공부한 사람이라 처음부터 당 끊기, 당 줄이기를 추천한 것은 아니다. 그러다 부모님이 두 분 다 암으로 돌아가신 일이 계기가 되었다.

아버지는 항암 치료를 받았는데 암이 급속도로 진행되는 것을 막지 못하고 입원한 지 불과 2주 만에 돌아가셨다. 어머니는 항암 치료를 하지 않고 한약으로 치료했는데 암 진단 후 5년을 더 사셨다. 이런 부모님을 보며 서양의학은 대부분 병을 고칠 수 없는 것이 아닐까 하는 의심이 내 마음속에 싹트기 시작했다.

생각해보면 서양의학이 감기 하나 제대로 고쳐낸다고 장담할 수 있는지 의문스럽다. 병원에 가면 해열제나 기침약을 처방해 준다. 그것으로 증상은 억제할 수 있다. 하지만 발열은 몸이 세균이나 바이러스를 쓰러뜨리려고 하다가 생기는 것이다. 기침은 이물질을 몸 밖으로 배출하려고 하는 작용이다. 그것을 약으로 억제하는 것을 '치료'라고 할 수 있을까?

그 대신에 내가 흥미를 느낀 것은 어머니가 사용한 한약이었다. 나도 서양의학의 약으로 완치하지 못한 심각한 비염을 한약으로 완치한 경험이 있다. 그래서 한약을 포함한 대체의학 전반에 관심이 생겼다.

대체의학은 크게 말하면 서양의학 외의 의료 전반을 가리킨다. 동양의학, 아유르베다, 침구(鍼灸), 아로마세러피(aroma therapy), 그리고 당 끊기, 당 줄이기 등 식이요법도 포함한다. 이 치료법들의 특징은 사람의 몸 전체를 하나로 파악해서 몸의 균형을 잡는 것을 치료 목적으로 삼는다는 것이다. 서양의학이 내과, 외과, 정신과 등 신체 부위별, 기능별로 치료하는 것과는 사뭇 대조적이다.

당 끊기나 당 줄이기 역시 다른 여러 대체의학 요법과 마찬가지로 그 효과가 몸과 마음 전체에 영향을 미친다.

13 당 말고도 먹을 수 있는 음식은 많다

Learn how to limit carbs in meals.

여기부터는 당 끊기, 당 줄이기를 실천하는 식생활을 구체적으로 소개하겠다.

1. 주식을 제한한다

대충 예를 들면 쌀밥, 빵, 메밀국수, 라면, 소면, 파스타, 쌀국수, 당면, 밀가루로 만든 음식 등은 전부 좋지 않다. 이 지점에서 한숨을 쉬는 사람이 있겠지만 좀 더 읽어봐도 손해는 없을 것이다.

보통 쌀밥이나 빵, 면 등의 '주식'에 주요리, 반찬, 국을 조합하는 것이 식사의 기본이다. 그래서 주요리나 반찬을 넉넉하게 먹어도 '밥이 없으면 식사한 기분이 들지 않는다'라는 사람이 많다. 또 식단을 정할 때도 '면으로 할까, 빵으로 할까, 밥으로 할까'라며 주식 중심으로 생각한다.

하지만 주식이라는 개념은 아시아의 몇몇 나라에만 있다. 서양에서는 전채(appetizer), 본 요리(main course) 등으로만 구분한다. 빵이나 밥은 곁들이는 음식이며 주식이라고 하지 않는다. 당 끊기나 당 줄이기를 할 때는 이를 본받아 주식을 식탁에서 제외한다. 식사에서 가장 많은 당질을 함유하는 것이 주식이기 때문이다. 주식을 제외하는 것만으로도 상당한 당질 제한 효과가 있다.

앞으로는 주식이라는 개념을 버리자. 그리고 식단을 짤 때 '주요리'를 중심으로 삼기 바란다. '고기로 할까, 생선으로 할까', '구워 먹을까, 삶아 먹을까' 식으로 주요리를 중심으로 생각한다. 주요리를 알차게 꾸리면 주식이 없어도 포만감을 얻을 수 있는 식단이 완성된다.

하지만 '주식을 꼭 먹고 싶다'라고 할 정도로 당질에 많이 의존하는 사람이라면 갑자기 세끼 모두 주식을 제외하기는 어려울 것이다. 그런 사람은 먼저 저녁만이라도 주식을 빼고 먹어보자. 익숙해지면 아침, 점심에도 주식을 제외하도록 습관을 들이자.

2. 육류, 어류 중심의 식습관을 들인다

식단의 주요리는 탄수화물 대신 동물단백질로 꾸린다. 섭취해야 할 것은 육류에 함유된 필수아미노산이다. 지방산은 체내에서도 합성되므로 딱히 신경 써서 섭취하지 않아도 괜찮다.

그래서 육류 중에서도 효율적으로 필수아미노산을 섭취할 수 있는 '붉은 살코기'를 중심으로 선택해야 한다. 소고기나 돼지고기는 등심보다 뒷다리 살이나 안심, 닭고기는 다리 살보다 안심이나 가슴살을 선택한다. 마블링이 많은 1등급 고기는 삼간다. 지방이 많은 만큼 단백질 함유량이 줄어들기 때문이다.

돼지고기에서는 비타민B1, 닭고기에서는 비타민B6, 소고기에서는 아연 등 많은 영양소를 섭취할 수 있다. 한편 마블링이 많은 소고기에는 당질이 많이 들어 있다. 또한 햄이나 소시지, 베이컨 등 가공식품은 그 제조 과정에서 설탕이나 물엿, 포도당, 과당 등을 쓰므로 피한다.

어패류도 많이 먹자. 특히 고등어나 전갱이, 꽁치 같은 등푸른생선은 EPA(eicosapentaenoic acid, 에이코사펜타엔산)나 DHA(docosahexaenoic acid, 도코사헥사엔산) 등이 함유되어 있다. 이 것들은 세포막과 적혈구의 재료일 뿐만 아니라 혈액을 맑게 하거나 뇌 기능을 향상시키기도 한다. 조개류나 갑각류에는 콜레스테롤을 줄이고 혈압과 혈당치를 낮추는 타우린이 들어 있다.

어패류 가공식품도 먹지 않도록 하자. 어묵 종류처럼 생선 살을 갈아서 반죽한 제품에는 전분과 설탕이 들어간다.

3. 채소와 과일은 잘 선택한다

채소는 건강에 좋다는 인상과 정반대로 당질을 많이 함유한다. 특히 단맛이 나는 뿌리채소는 당질이 듬뿍 들어 있다. 당근, 우엉, 연근, 양파, 호박 등은 다 익히면 달짝지근해진다. 건강에 좋다고 생각해서 채소 중심의 식생활을 하면 당을 끊거나 줄이기 어렵다. 당질이 적은 채소도 있긴 하다. 숙주 등 새싹 계열 채소나 아보카도, 허브류, 시금치나 소송채, 경수채 등도 당질이 적은 채소다.

하지만 비타민이나 미네랄을 섭취하려고 한다면 고기와 생선을 먹는 편이 효율적이다. 비타민A는 장어나 은대구에서 얻을 수 있고, 비타민B12는 소간이나 굴, 대합 등에 풍부하다.

단, 비타민C는 당 끊기, 당 줄이기를 할 때 부족해지기 쉽다. 그래서 건강보조식품으로 보충하는 것이 좋다. 또한 식이섬유를 의식적으로 먹어야 한다. 장내 환경을 정비해주고 당질이 천천히 흡수되게 하는 작용을 하기 때문이다. 미역, 톳, 김 등 해조류와 땅지만가닥버섯, 잎새버섯 등 버섯류를 추천한다.

달콤한 과일도 피한다. 사과 한 개(250그램)는 약 33그램, 바나나 한 개(90그램)는 약 19그램의 당질을 함유한다. 이것들은 당연히 체내에서 에너지로 다 소비되지 못하고 체지방으로 쌓일 우려가 있다. 게다가 과일에 함유된 당은 '과당'이라고 해서 중성지방이 되기 쉬운 성질이 있다.

4. 달걀과 두부를 활용한다

당 끊기, 당 줄이기 식생활에서 흔히 사용할 수 있는 식품으로 달걀이 있다. 달걀은 비타민C를 제외한 대부분의 영양소를 함유한 완전식품이다. 또한 양질의 단백질 덩어리로 필수아미노산도 다 갖추고 있다. 그런데도 당질은 한 개당 고작 0.2그램 들어 있다. 하루에 서너 개를 먹어도 문제없으니 출출할 때 간식으로 삶은 달걀을 먹는 것도 좋다. 달걀은 당 끊기나 당 줄이기에 없어서는 안 될 식재료다.

달걀을 먹으라고 권하면 콜레스테롤을 신경 쓰는 사람이 있다. 이 또한 걱정하지 않아도 된다. 혈액 속의 콜레스테롤은 대부분 간에서 합성하는 것이며, 음식물이 미치는 영향은 극히 일부다. 게다가 콜레스테롤 수치가 권고치(총 콜레스테롤 $200mg/dl$ 미만)보다 높아야 오히려 오래 산다는 사실이 최근 연구를 통해 밝혀졌다. 그러니 안심하고 달걀을 먹자.

두부도 달걀과 마찬가지로 양질의 단백질원이라서 마음껏 사용해도 좋은 식품이다. 뒤에서 다루겠지만 두부를 볶아서 소이라이스로 만들어 밥 대신 먹을 수도 있다. 엄청 맛있다. 그러니 두부는 냉장고에 상비해놓도록 하자.

하지만 같은 대두로 만든 식품이라도 두유나 비지는 주의해야 한다. 원래 대두는 전분이 65퍼센트다. 두부는 그 제조 과정에서 당질이 대부분 빠지지만 두유나 비지는 그 당질 부분을 이용해서 만드는 것이다.

5. 소프트드링크, 술에 대해서

음료는 냉수나 뜨거운 물, 홍차를 중심으로 마시자. 달콤한 주스는 하나같이 당질이 많이 들어 있으므로 당연히 권장하지 않는다. 캔 커피나 탄산음료를 날마다 몇 캔씩 마시는 사람이 있는데, 이는 전형적인 당질 중독이다.

콜라에 설탕이 많이 들어 있는 것은 알지만, 설탕과 우유를 넣지 않은 블랙커피라면 괜찮다고 철석같이 믿는 사람도 있을 것이다. 그러나 유감스럽게도 이 역시 잘못된 생각이다. 식물의 열매나 잎을 갈아서 만드는 음료는 전분이 드러난 상태로 추출되기에 당질을 함유한다. 그러므로 블랙커피도 좋지 않다.

말차도 당질이 듬뿍 들어 있다. 차를 마실 때는 갈지 않고 잎상태로 추출하는 녹차나 홍차 또는 우롱차 같은 발효가 진행된

차를 선택하자.

탄산음료를 도저히 끊지 못하겠다는 사람은 적어도 제로콜라나 탄산수 등을 선택하면 좀 낫다. 하지만 탄산 자체는 위를 상하게 해 소화력을 떨어뜨린다. 나도 탄산수를 좋아해서 마시는데, 몸 상태에 따라 탄산수 대신 뜨거운 물을 마시기도 한다. 요즘은 탄산이 몸에 좋다고 해서 인기가 좋기는 하지만, 그렇다고 몸 상태를 무시하고 계속 마시면 소화력만 떨어질 뿐이다.

술은 종류를 골라서 마시면 상관없다. 일본 술이나 포도주 등 양조주보다 소주나 위스키 등 증류주를 선택하자. 양조주에는 당질이 많이 들어 있는데, 증류주는 양조주를 증류하는 과정에서 당질이 제거되므로 마셔도 괜찮다.

단맛이 강한 칵테일이나 사워(sour)는 당연히 안 좋다. 맥주는 괜찮지만 당질을 제외하고 만든 제품이나 맥아와 홉만을 원재료로 한 진짜 맥주를 선택하자. 쌀이나 옥수수, 녹말 등 부원료를 이용한 맥주에는 당질이 들어 있다.

참고로 119~120쪽에 나와 있는 나의 일주일 식단을 참고하기 바란다. 아침부터 고기를 먹는 게 낯설게 느껴질지도 모르지만 의외로 여러 가지 음식을 먹을 수 있음을 알게 될 것이다.

14 당 끊기는 점심시간이 고비?

What do you eat for lunch to stop eating carbs?

주말과 평일의 아침, 저녁 식사는 직접 만들 수 있으므로 당질을 제한하거나 배제한 식단을 준비하기가 쉬울 것이다. 지금까지 소개했듯이 당 끊기, 당 줄이기는 당질을 피하고 고기나 생선, 달걀, 두부를 중심으로 먹는 매우 단순한 식습관이다. 조리법도 특별히 정해진 바가 없다.

그러나 출근해서 먹는 점심 식사는 약간의 아이디어가 필요하다. 당질제한식을 마련해놓은 음식점이 하나둘씩 생기고 있지만 아직 그 수가 한정적이다. 또 정식을 주문할 경우 밥이나 면을 남겨야 하기 때문에 이 역시 부담스럽다. 이럴 때 내가 추천하는 것은 도시락이다.

가령 나는 어느 날 도시락 메뉴로 소이라이스 위에 간장을 발라 구운 닭, 숙주나물, 시금치 등을 얹어 봤다. 소이라이스를 미리 만들어놓으면 요리하는 데 시간이 30분 정도밖에 안 걸린다. 생각보다 짧게 걸리지 않는가?

통조림을 사용하는 것도 시간을 단축하는 요령이다. 통조림은 캔에 넣은 뒤에 가열해서 살균하는 거라 첨가물을 걱정하지 않아도 된다. 고등어된장조림 등도 성겹게 익힌 통조림을 사용하면 10분 만에 만들 수 있다.

유일하게 소이라이스는 미리 만들어놓기를 권하는데, 만드는 방법은 간단하다. 소이라이스란 물기를 뺀 두부를 으깨서 프라이팬에 넣고 남은 물기도 다 날아가게 볶아서 밥처럼 먹는 음식이다.

① 대접 위에 소쿠리를 받쳐놓고 두부를 올린다.

② ①의 두부 위에 물을 담은 그릇을 올려서 누름돌 대신 사용한다.

③ ②의 상태로 30분 동안 두고 두부의 물기를 뺀다. 누름돌을 치우면 두부가 납작해진다(이때 나온 수분에 당질이 들어 있다).

④ ③을 프라이팬에 넣고 남은 물기가 싹 날아가도록 볶는다. 볶으면서 주걱으로 두부를 쌀알 크기로 부순다. 최대한 수분이 증발되어야 맛있다.

속 재료를 넣고 맛을 내면 마치 볶음밥 같아서 식감도 충분히 살릴 수 있다. 조리 방법도 매우 쉽지만 물기를 빼는 데 30분 정도 걸리므로 매일 아침마다 하려면 힘이 든다. 그래서 나는 주말에 미리 만들어놓고 냉동한다.

일주일 식단 예시		
일요일	아침	카레 수프(큐브형 닭 가슴살, 고수), 밀기울 빵, 뜨거운 물과 비타민C 건강보조식품 열 알
	점심	비프스테이크(소금, 후추), 잎채소 샐러드
	저녁	외식(이탈리아식 레스토랑): 생굴, 옥돔 카르파초, 어린양 갈비 구이, 붉은 포도주(!)
월요일	아침	수프(닭국물, 큐브형 두부, 파드득나물), 뜨거운 물과 비타민C 건강보조식품 열 알
	점심	치즈버거(밀기울 빵), 홍차
	저녁	외식(꼬치구이 가게): 닭꼬치(소금), 물두부, 생선구이, 소주, 하이볼
화요일	아침	우유죽(우유, 소이라이스), 뜨거운 물과 비타민C 건강보조식품 열 알
	점심	돼지고기 안심구이, 잎새버섯, 브로콜리(꽃봉오리), 뜨거운 물
	저녁	칭기즈칸 요리, 맥주
수요일	아침	바지락국(바지락, 큐브형 두부, 파드득나물, 소금 간), 뜨거운 물과 비타민C 건강보조식품 열 알
	점심	전갱이 된장조림(싱겁게 익힌 전갱이 통조림을 된장과 소주, 천연감미료, 생강, 물로 10분 푹 끓인 것), 소이라이스, 브로콜리 마요네즈 무침, 뜨거운 물
	저녁	외식(시부야의 술집): 아보카도 · 김 조림 무침(당질 제한 메뉴), 소금 두부, 돼지 등심구이, 소다를 섞은 위스키

목요일	**아침**	우유죽과 비타민C 건강보조식품 열 알
	점심	건더기를 잔뜩 넣은 카레 수프(달걀, 두부, 닭 가슴살, 시금치), 뜨거운 물
	저녁	파에야(당질 제한 메뉴)
금요일	**아침**	수프(닭국물, 큐브형 두부, 파드득나물), 뜨거운 물과 비타민C 건강보조식품 열 알
	점심	밀기울 갈레트(달걀, 당질 제외 햄), 홍차, 뜨거운 물
	저녁	구이(소 혀, 안심, 해물 소금구이), 달걀 수프, 숙주나물, 맥주
토요일	**아침**	우유죽과 비타민C 건강보조식품 열 알
	점심	양고기샤부샤부(양고기, 경수채, 두부, 간장 소스), 뜨거운 물
	저녁	배달(시부야의 술집, 근처 이탈리아식 레스토랑): 전갱이 절임, 빛금눈돔 구이, 소다를 섞은 위스키

15

편의점 도시락을
활용해 당 줄이기

The harder you are to make a dish,
the easier you doesn't digest a food.

'요리는 해본 적이 없다', '도시락 만들기도 고역이
다', '근처에 제대로 된 음식점도 없다', '점심 선택지가 회사 근
처에 있는 편의점뿐이다'……. 이런 사람에게도 방법은 있다. 기
본적인 방침은 '되도록 손이 많이 가지 않는 요리와 식자재를 선
택'하는 것이다. 예컨대 채소를 그저 썰기만 한 샐러드가 그렇
다. 육류도 샐러드용으로 그냥 굽기만 한 닭고기 등을 판매한다.
닭 가슴살 통조림을 사서 마요네즈를 뿌려 먹는 방법도 있다.

한편 튀김 같은 음식은 시간이 지나면 쉽게 산화하므로 권하
지 않는다. 상온에서 썩지 않는 식재료라도 상식적으로 몇 시간
이나 그냥 뒀는데 아무렇지 않다는 것은 말도 안 된다. 썩지 않
게 하는 어떤 물질이 들어 있기 때문이라고 의심해볼 수 있다.

'공들인 음식'을 피한다면 편의점 도시락을 먹어도 괜찮다. 오히려 '○○시간 푹 끓인 카레' 등 공들인 요리는 피하도록 하자. 손이 많이 가는 음식일수록 소화가 잘 안 된다. 정통 인도 음식점에 가면 카레를 푹 끓이지 않고 그 자리에서 순식간에 만들어낸다. 그런 카레라면 소화하기도 쉽다.

밀가루도 새하얗게 정백된 것은 그 정도로 엄청나게 공을 들였다는 뜻이므로 소화하기가 어렵다. 인도식 카레에 빵을 곁들이고 싶다면 난보다 전립분을 사용한 차파티를 선택하자.

당 끊기, 당 줄이기를 하려는데 빵이 먹고 싶은 사람이라면 '밀기울 빵'을 먹으면 된다. 밀 껍질을 가루로 빻은 밀기울을 원료로 사용하므로 당질이 매우 적다. 당질제한식 용도로 밀기울 빵을 사용한 햄버거 등도 판매한다. 관심이 있다면 인터넷으로 찾아보기를 바란다.

16 외식할 때
당을 줄이는 쉬운 방법

You can start a carbohydrate-restricted diets right away.

가게와 메뉴만 잘 선택하면 지금까지 해온 대로 외식도 즐길 수 있다. 기본적으로는 쌀밥이나 면이 포함되지 않는 '단품'을 주문해서 식단을 구성한다.

그런 의미에서 가장 이용하기 편한 곳이 선술집이다. 육류, 어류로 만든 메뉴가 풍부하고 단품으로 마음껏 조합할 수 있다. 회, 생선구이, 닭꼬치(소금 간)나 냄비 요리를 추천한다. 하지만 선술집의 기본 메뉴인 닭튀김이나 튀김, 크로켓 등의 음식은 밀가루나 빵가루를 튀김옷으로 사용하므로 당연히 먹지 않는다. 또한 오코노미야키, 초밥, 덮밥, 매콤달콤한 소스를 바른 장어나 일본식 전골 등도 피한다.

요리 방식으로 본다면 고기나 생선을 올리브유로 간단하게 조리하는 이탈리아식 요리를 활용하면 좋다. 단, 빵이나 파스타는 반드시 빼야 한다.

중화요리는 면이나 볶음밥, 교자에는 손을 댈 수 없다고 해도 볶음, 구이, 무침, 삶은 요리 등으로 당 끊기, 당 줄이기를 위한 식단을 구성할 수 있다. 하지만 걸쭉한 요리는 주의해야 한다. 밀가루나 옥수수 전분, 녹말 등이 들어가기 때문이다. 닭꼬치, 삼겹살은 양질의 동물단백질을 섭취할 수 있는 기회이므로 실컷 먹자. '소스와 소금' 중에서 선택할 때는 당연히 소금을 고른다.

이렇게 보면 당 끊기, 당 줄이기는 맛있는 음식을 완전히 제한하는 고행이라기보다 의식적으로 주의를 기울이기만 하면 곧바로 시작할 수 있는 방법이라는 것을 알 수 있다. 우리가 아무 생각 없이 섭취하는 당의 양은 상상을 초월한다. 여기서 소개한 방법을 의식적으로 도입해 꾸준히 실천하거나 집중적으로 사흘만 실천하면 당 줄이기 효과를 상당히 얻을 수 있다.

사흘 실천하고 다시 한 번 사흘 동안 진지하게 해보고 직접 효과를 느끼는 방법을 추천한다. 혼자서 당질을 제한하려다 보면 관리가 소홀해지거나 유혹에 넘어갈 수 있다. 가족과 함께 이 방법을 공유해서 실천해보면 어떨까?

성공한 사람들은 어떻게
생각하길래 스트레스가 없을까?

#좋은 기분 #아스퍼거증후군 #자신과 타인

기분 좋은 상태를
유지하는 말투

How do I always be in a good mood?

현대인들은 대부분 일상적으로 짜증을 내면서 살아간다. 경기의 변동이나 그에 따른 과도한 업무가 물론 중대한 요인일 것이다. 하지만 내가 보기에는 당질을 너무 많이 섭취하는 식습관 때문에 교감신경의 긴장 상태가 이어지면서 사소한 일로도 폭발하는 것이다. 이럴 때 당 끊기, 당 줄이기를 습관으로 들이면 긴장이 풀린 정신 상태를 유지할 수 있다.

아스퍼거증후군(Aspergers syndrome)이나 자폐증 환자도 당 끊기, 당 줄이기를 하면 망상 등으로 인해 혼란을 느끼는 상황을 줄일 수 있다.

건강한 사람일지라도 좋은 일보다 기분 나쁜 일을 뚜렷하게 기억하는 경향이 있다. 그때 나빴던 감정까지 똑똑히 생각나서 더 괴로워질 수도 있다. 하지만 마음이 진정되면 그런 일도 줄어든다. 그러면 인간관계도 쉽게 무너지지 않고 좋은 제안도 계속 들어온다. 그 상태로 기다리면 저절로 행복이 다가온다.

결국 늘 기분 좋게 지내도록 주의해야 한다는 뜻이다. 신경질적이고 공격적인 마음은 교감신경이 긴장한 상태에 있기 때문에 일어난다. 반대로 부교감신경이 우위에 서면 긴장이 풀려서 마음이 평온해진다. 어려운 일도 좋은 기분으로 대처하기만 하면 해결책을 쉽게 찾아낼 수 있다.

그렇다면 어떻게 기분 좋은 상태를 유지할까? 답은 '말투'에 있다. 긍정적인 말을 하고 긍정적인 말을 듣는 것이다. 자기계발 분야에서는 종종 '부정적인 말을 하지 말라'라고 지도하는데 의학적으로 봐도 확실히 맞는 말이다. 걸핏하면 화내는 사람, 불평만 늘어놓는 사람은 그런 행동만으로 면역력이 점점 떨어진다.

말은 그 사람의 잠재의식에 영향을 끼친다. 그러니 성공하려면 행동을 바꿔야 한다. 그렇다면 행동을 결정하는 것은 무엇일까? 바로 잠재의식이 대부분 결정한다. 현재 의식이 '이렇게 지내고 싶다'라고 하는데 실행하지 못하거나 잘 풀리지 않는 것은 잠재의식이 어떤 영향을 받았기 때문이다.

이 잠재의식은 말과 경험이 만든다. 잠재의식은 수없이 많이 만난 존재를 '진짜'라고 인식하는 성질이 있다. '나는 밝은 사람이다'라고 주위 사람들에게 말하고 다니면 그때마다 '나는 밝은 사람'이라는 생각이 잠재의식에 스며들어 정말로 밝은 사람이 된다. 특히 자신이 소리 내서 한 말은 자신에게 잘 와닿는다. 목소리의 진동이 몸을 통해 전달되는 것이다.

그러므로 긍정적인 말, 적극적인 말, 자신이 들어서 기분 좋은 말은 계속 소리 내서 말하면 좋다. 마찬가지로 좋은 장소, 좋은 음식, 좋은 사람에 둘러싸여서 살면 잠재의식에 좋은 영향을 미쳐서 '이렇게 지내고 싶다'라고 하는 자신에게 다가갈 수 있다. 기분도 저절로 좋아진다.

성공한 사람은 '반드시'라고 해도 좋을 정도로 이 법칙에 따라 생활하려고 노력한다. 걱정이 많은 성공한 사람은 있어도 '이제 틀렸어', '내가 그걸 어떻게 해? 절대 못해'라는 식으로 부정적인 말만 하는데 성공한 사람은 한 번도 본 적이 없다.

나는 '어떤 일도 기분 좋게'를 모토로 삼고 있는데, 그것을 잊지 않으려고 'ynn'이라는 글자를 넣어 이메일 주소를 만들었다. 이것은 'Why not Nishiwaki'의 약자다. 'Why not?'이란 '기꺼이!', '물론!'이라는 뜻이다. '모든 일을 기분 좋게 처리하자.' 메일을 볼 때마다 나는 그 규칙을 생각해내고는 한다.

2

'어떤 일을 하느냐'보다 '어떤 태도로 하느냐'

Your attitude is very important in everything.

짜증은 몸과 마음의 건강을 파괴하고 결국 병이라는 형태로 발전한다. 그래서 '되도록 기분 좋게 지내자'라고 한 것이다. 한편 "고생은 사서도 한다"라는 속담도 있는데, 이런 생각을 조금 거북하게 느끼는 사람이 있을 수도 있다. 자기 스스로 어려운 일을 맡아서 고생한다니! 이건 마치 기득권을 가진 사람이 자기 형편에 유리하게 '우리를 위해 너희 대중은 알아서 고생해'라고 하는 것처럼 들리지 않는가?

그럼에도 오랫동안 활약해온 성공한 사람들은 모두 기분이 좋아 보인다. 그 이유는 그 사람이 원래 그렇게 밝은 성격이기 때문이 아니다. '기분 좋게 지낸다'는 목표를 세우고 스스로 그것을 달성하고자 규칙과 체계를 만들어놓았기 때문이다. 이것이 핵심이다.

성공한 사람이 보통 사람과 특별히 다른 점은 '매사를 받아들이는 방법'에 있다. 성공한 사람들은 어떤 일을 앞두더라도 반드시 적극적인 측면에 주목하려고 한다. '태도'라고 표현해도 좋다. 예를 들어, 수험 공부를 할 때 '공부는 괴롭다'라는 생각을 가지고 있는 사람은 공부할 때마다 스트레스를 느껴서 짜증이 날 것이다. 하지만 '공부는 즐겁다'라고 생각해서 공부의 좋은 면에 주목하며 즐기려고 노력하면, 스트레스가 쌓이지 않고 오히려 기쁜 마음으로 공부하고 싶어진다. 일에서도 마찬가지다. 어떤 일을 하느냐보다 어떤 태도로 일하느냐가 일에 대한 보람을 결정한다.

나는 예전에 통조림 공장에서 아르바이트를 한 적이 있었다. 벨트컨베이어를 타고 흘러 내려오는 통조림통을 두 시간 동안 쉬지 않고 상자에 담는 일이었다. 이런 종류의 작업이 서툰 사람은 듣기만 해도 괴로울지 모른다.

조금이라도 손이 더디면 통조림통이 밀려서 밖으로 튕겨나가게 되는데, 그러면 상품으로 내보내지 못하게 된다. 그래서 작업하는 사람은 필사적으로 움직여야 했다. 나 역시 특별히 이 일에 매력을 느껴서가 아니라 돈이 없어서 아르바이트로 시작했다.

하지만 '이것은 기계와의 경쟁이다'라고 생각하니 마음이 불타 올랐다. 그래서 양손으로 네 개씩 들어 올려 상자에 담는 독자적인 방법을 고안해냈다. 초보자에게는 어려운 기술이다. 이 아이디어 덕분에 나는 작업에 좀 더 열중할 수 있었다.

통조림을 상자에 담는 일이 인기 직업이 될 일은 아마 없을 것이다. 그러나 그런 것과 재미는 상관이 없다. 태도에 따라 흥미 없는 일이나 못하는 일도 재미있어질 수 있는 것이다.

의대에 들어가기 전에 나는 입시학원을 땡땡이치고 토목 작업원으로 일한 적도 있다. 그때 똑같은 일에 똑같은 보수를 받아도 게으른 사람과 열심히 하는 사람이 있다는 것을 배웠다. 받는 돈은 똑같지만 게으른 사람은 늘 피곤한 얼굴이라서 재미없어 보였다. 한편 열심히 일하는 사람은 눈이 반짝반짝 빛났고 옆에서 보기에도 멋져 보였다. 또한 자기 자신이 '멋지다'고 느낄 수 있다면 이보다 더 자기중요감을 충족해줄 만한 것은 없다.

3 성공 경험이 있는
사람이 더 성공한다

Self-improvement seminar and success experience.

일찍이 나는 자기계발 세미나에 열심히 참가하면서 배운 것이 있다. 같은 세미나에 참가한 경영자들과 함께 대화를 나누다 보면 의욕이 마구 솟아나서 마음은 뜨거워지고 눈은 반짝반짝 빛나게 된다. 하지만 사흘 정도의 시간이 지나면 원래의 나로 되돌아와서 또 다른 세미나에 가고 싶어졌다. 또 다른 세미나에 참가해 의욕을 불러일으키고 눈을 빛냈지만 또다시 원래 상태로 되돌아갔다. 그렇게 나는 새로운 세미나를 찾아다니기를 반복했다.

그런데 크게 성공한 사람들은 세미나에 빠지는 일이 없었다. 그들은 성공이 목적이며, 세미나에서 배운 것을 실행하려고 그곳에 오는 것이지 '뜨거워지기 위해' 오는 것이 아니었다. 다시 말해 성공한 사람들은 언제든지 목적을 추구한다.

노골적으로 말하자면, 세미나에 참가한 뒤 생활 습관을 바꿔서 큰 성과를 거둔 사람은 대부분 '원래 성공한 사람'이었다. 정확히 말하면 그들은 성공을 이미 경험한, '어떻게 노력해야 하는지' 아는 사람, '노력하면 좋은 일이 생긴다는 것'을 아는 사람이다. 그래서 그들은 좋은 결과를 낼 수 있다. 이런 사람에게 자기계발 세미나는 의미가 있다.

성공을 경험하지 못한 사람은 일단 사소한 일이라도 좋으니 세미나에서 배운 것(대체로 제2영역에 속한다)을 실행해서 성과를 올리는 경험을 쌓아야 한다. 그 점을 깨닫지 못하면 의욕을 끌어올리기 위한 주사를 맞아도 효능이 금방 떨어지는 상태를 반복하게 되어 온갖 자기계발 세미나를 떠돌아다니게 된다.

성공하는 사람은 계속 성공하지만, 실패하는 사람은 계속 실패한다. 나는 젊은 사람들이 자기계발에 혈안이 된 모습을 보면 염려되어 참을 수가 없다. 그들에게는 '의욕을 끌어올리는 데서 끝'이 아니라 제2영역의 일을 꾸준히 계속하는 자세가 필요하다. 그래야 모든 일이 잘 돌아가기 시작한다. 성공한 사람도 그런 식으로 '열심히 하면 좋은 일이 생긴다'고 배워왔다.

성격은
바꿀 수 있다!

How to change your personality.

성공하는 사람은 성공하고 싶으면 성공할 수 있는 성격으로, 누구에게나 호감을 얻고 싶으면 호감을 얻을 수 있는 성격으로 자신을 바꾼다. 성공하는 사람은 이렇게 할 수 있다. 실제로 누구든지 목적을 위해서는 성격도 개선할 수 있다. 매우 간단한 이야기다.

30~40대는 사회에서나 가정에서 제법 큰 부담감에 노출된 사람들이다. 부하 직원이 말을 잘 듣지 않는다, 가족도 뭔가 냉담하다, 친구와 싸웠다……. 그럴 때마다 문득 '나는 이대로 괜찮을까?'라고 걱정한다. 나이를 먹어도 '성격'은 고민거리다. 성격으로 고민하는 이유는 '성격은 타고난 것', '노력해봤자 달라지지 않는 것'이라고 생각하기 때문이다. 정신과 의사로서 말하자

면 그것은 잘못된 생각이다. 인간은 나이를 아무리 먹어도 성격을 고칠 수 있다.

성격이란 무엇일까? 사전을 펼쳐보면 '자신의 주위에서 일어난 일에 대해 반응하는 방법' 등으로 나온다. 남이 한 말이나 보고 들은 일에 어떻게 반응할 것인가? 그 반응 자체가 그 사람의 성격이라는 뜻이다. 그렇다면 반응하는 방법을 바꾸면 성격을 바꿀 수 있다는 말이 된다.

가장 쉽게 즉시 실천할 수 있는 방법은 남이 무슨 말을 했을 때 "그게 아니라"라고 부정적인 말로 되받아치지 말고 "그거 좋네요"라고 긍정적인 말로 대답해보는 것이다. 이런 반응에서 밝은 성격과 어두운 성격, 호감을 얻는 성격과 미움을 받는 성격의 차이가 드러난다.

예전에 나는 "이렇게 말하면 저렇게 말한다"라는 말을 들을 정도로 누구의 의견이든 부정하며 쉽게 긍정할 줄 모르는 사람이었다. 말단 인턴 시절에도 선배가 뭔가를 지도해주면 "그게 아니라"라고 부정하곤 했다. 말투는 무뚝뚝하고 웃지도 않아서 나는 늘 화난 사람 취급을 당했다. 그러던 어느 날 '이렇게 살면 안 되겠다'라는 생각이 들었다.

그 뒤로 "그게 아니라"라고 말하기를 그만뒀다. 그 대신에 "그렇군요", "좋네요" 등으로 대답하려고 노력했다. 즉 부정하는 말을 쓰지 않고 긍정하는 말을 사용하면 상대방은 '내 의견을 받아들였다'라고 느껴서 상대방의 자기중요감이 채워진다.

그리고 '웃는 얼굴 근육'을 단련했다. 원래 예전의 나는 별로 웃지 않는 사람이었다. 그 때문에 오해도 꽤 많이 받았다. 평소에 계속 진지한 얼굴로 있으면 웃는 데 쓰이는 근육이 게을러지고 쇠약해져서 점점 더 웃지 못하게 된다. 이를 개선하려면 훈련을 하는 수밖에 없다. 나는 웃는 얼굴 근육을 되찾아 자연스럽게 웃을 수 있게 하기 위해 날마다 거울 앞에서 연습했다. 건강을 위해서라도 사소한 일은 웃으며 넘기는 정도가 좋다.

5 # "100만 원을 잃어버려서 다행이다!"

There is nothing either good or bad but thinking makes it so.

　　정신과 의사로서 조금 전문적인 용어를 사용해 말하자면 '성격을 바꾸기 위해서는 인지의 변용'이 필요하다. 100만 원을 잃어버렸다고 상상해보자. 사람마다 다른 반응을 보일 것이다. 보통은 '100만 원이나 잃어버리다니 말도 안 돼. 아, 아까워. 스트레스가 또 쌓이네'라고 느끼는 사람이 많을 것이다. 하지만 세상에는 '100만 원을 잃어버려서 다행이다. 스트레스가 줄어든다'라고 반응하는 사람도 있다.

　분명하게 말하는데, 이런 유형의 사람이 성공한다. 이는 부자니까 100만 원 정도는 하수구에 버려도 아깝지 않다는 의미가 아니다. 양쪽의 반응 차이는 매사를 파악하는 방법(인지)의 차이에서 비롯한다. 셰익스피어는 말했다.

"원래 좋고 나쁜 것은 다 생각하기 나름이다."(《햄릿(Hamlet)》)

"좋은 것은 나쁘고 나쁜 것은 좋다네."(《맥베스(Macbeth)》)

성공한 사람은 이런 사실을 잘 알고 있다. 돈을 잃어버렸다고 해도 언제까지나 한탄할 일은 아니다. 예컨대 100만 원을 '기부금으로 낸 셈 치는' 사람도 있다. '좋은 액땜이다', '100만 원이나 냈으니 좋은 일이 생길 것 같다'라며 돈을 잃어버린 데 대해 고마워하기까지 한다. 그런 식으로 스트레스를 받지 않기 때문에 늘 기분 좋게 지낼 수 있는 것이다. 대부분의 사람은 100만 원을 잃어버리고 나서 바로 기뻐할 수는 없을 것이다. 하지만 인지를 바꾸면 언제든지 마음을 편하게 유지할 수 있는 것은 분명하다.

이런 인지의 변화를 촉구하는 심리요법을 '인지요법'이라고 한다. 매사를 한쪽으로만 파악하지 않고 다른 측면에서도 살펴 긍정적인 의미를 끌어내도록 하는 것이다. 100만 원을 잃어버려서 스트레스를 받았을 때 '그냥 잃어버린 게 아니라 액땜한 것이라고 받아들이자'라고 생각하는 것도 인지요법에 가깝다. 이 방법을 NLP(Neuro-Linguistic Programming, 신경 언어 프로그래밍)에서는 '관점 바꾸기(reframing)'라고 부른다.

관점 바꾸기는 누구나 흉내 낼 수 있는 성격 개선 기술이다. 일을 하다가 갑자기 생각지도 못한 문제가 생겼을 때, 불합리한 일로 상사에게 혼났을 때 스트레스를 줄이는 요령으로 이 방법을 적용해보기를 권한다.

　나도 한 번 책상 위에 아무렇게나 올려놓은 현금 80만 엔이 감쪽같이 사라진 적이 있었다. 바로 그 당시에는 '이런 바보 같은 일이 있나' 하고 큰 충격을 받았다. 하지만 아무리 한탄해도 사라진 돈은 돌아오지 않았다. 그래서 어쩔 수 없다는 듯이 '80만 엔이나 기부했으니 됐어'라고 생각을 바꿔봤다. 실제로 울적해하지 않고 긍정적으로 지냈더니 그 뒤에는 좋은 일이 계속 일어나서 '완전히 본전을 찾았다'라고 생각하게 되었다. 신기하지 않은가?

6 인간관계에서 스트레스를 받지 않는 법

The biggest source of stress in life is person.

　　돈을 잃어버리는 것을 예로 들었지만 인생에서 가장 큰 스트레스의 원인은 '사람'이다. 회사를 그만두거나 이직하는 이유 1위는 언제 어디서나 '인간관계'다. 그러나 사람은 타인과의 관계 속에서 살아가야 하기 때문에 스트레스에서 벗어나기는 쉽지 않다.

　　하지만 예외도 있다. 어떤 상황에서든지 정신적으로 안정되고 좋은 기분을 유지하는 사람이 있다. 특히 성공한 사람에게는 특유의 안정감과 여유가 있는 것처럼 느껴지지 않는가? 그들은 다른 사람들로부터 스트레스를 받지 않는다.

　　그 까닭은 무엇일까? 타인에게 기대하지 않기 때문이다. 조금 충격적인 말이지만 타인에게 화내거나 짜증을 내는 것은 확실히 남에게 기대하는 탓이다. '해줄 것이다', '해주기 바란다'라고 기대하는 일을 상대방이 해주지 않아서 배신당한 기분이 들어 짜증이 나는 것이다. 그렇다면 처음부터 기대하지 않으면 될 것이다.

이런 상황을 상상해보자. 저렴한 체인 음식점에 갔는데 종업원이 찬물이 담긴 컵을 조금 거칠게 테이블 위 내려놓았다고 하자. 하지만 그때 '빌어먹을!'이라고 생각하지 않는다. 그 이유는 애초에 이런 저렴한 음식점에서 기분 좋은 서비스를 기대하지 않기 때문이다. 그렇지만 고급 레스토랑에서 그런 대접을 받았다면 아무래도 화가 치밀어 오를 것이다. 비싼 돈을 내야 하는 고급 레스토랑에는 당연히 그 대가로 좋은 서비스를 기대하기 때문이다.

우리는 타인이 하는 일에 대해서는 아무것도 할 수 있는 일이 없다. 그러니까 상대가 자신의 기대대로 행동하지 않았다고 해서 화낼 일은 아니라는 것이다. 한편 상대방에게 기대를 하느냐 마느냐는 자신이 직접 결정할 수 있다. 그렇다면 처음부터 아무것도 기대하지 않으면 늘 마음 편하게 지낼 수 있다.

가령 매사에 눈치 없는 부하 직원이 있다면 '그는 아직 일을 배우는 중이니까'라고 관점을 바꾼다. 또는 누군가에게 바라는 일이 있으면 그 사람에게 직접 구체적으로 부탁하자고 생각을 전환한다. 이렇게 하면 스트레스를 대폭으로 줄일 수 있게 될 것이다.

참고로 자신에 대해서도 마찬가지다. 우리가 어떤 일에 실패했을 때 주눅이 드는 것은 애초에 자신에게 기대하는 것이 있었기 때문이다. 처음부터 '나는 아직 그다지 별 볼 일 없는 사람이다'라고 생각하면 일이 잘 안 풀린다고 해서 주눅 들 필요도, 고민할 일도 없다.

7

짜증을 내도
안 되는 일은 안 되는 일

You can't control others. You can only control yourself.

'남에게 기대하지 않는다.' 이를 바꿔 말하면 '자신이 통제할 수 있는 일, 통제할 수 없는 일을 정확히 나눈 뒤 통제할 수 있는 부분에만 집중한다'는 뜻이다. 자기 행동이나 생각은 통제할 수 있지만 타인의 행동이나 생각은 통제할 수 없다. 타인에게 기대하면 할수록 일이 잘 안 풀릴 때 느끼는 실망과 짜증도 커진다.

원래 인간은 그런 식으로 기대를 조절하며 생활한다. 그래서 저렴한 체인 음식점에서 고급 레스토랑에서 먹는 요리와 서비스를 기대하지 않고, 고급 레스토랑에서 체인점의 저렴함을 바라지 않는다.

그런데 인간관계에서는 '이렇게 해줄 것이다', '확실히 해줄 것이다'라고 타인에게 기대한다. 이상하지 않은가? 그것이 스트레스의 원인이다. 따라서 자신이 통제할 수 없는 일에 집착하지 않도록 주의하면 타인에 대한 기대감도 떨쳐낼 수 있다.

예전에 내가 에스파냐로 여행을 갔을 때 겪은 일이다. 지금은 어떤지 모르겠지만 그때는 전철이 몇 시간씩 늦게 도착하는 게 예삿일이라서 시간표대로 움직이는 게 전혀 당연하지 않았다. 알다시피 여기서는 전철이 몇 분이라도 늦게 도착하면 승객이 화를 내거나 스트레스를 받는다. 하지만 에스파냐 사람들은 아무도 화내지 않고 아이스크림을 먹으며 언제 올지 모를 전철을 느긋하게 기다렸다.

한동안 나도 짜증이 나서 참을 수 없었다. '전철이 시간을 맞춰 올 것'이라는 기대가 완전히 무너졌기 때문이다. 그렇지만 짜증을 내봤자 전철이 오는 것도 아니지 않은가? 에스파냐에서 지내는 동안 나도 어느덧 '한 시간 지연 정도는 빠른 편'이라고 느끼며 그곳의 전철에 대한 기대를 버릴 수 있었다(에스파냐 분들에게 왠지 미안하다).

왜 꼭 타인에게
인정받으려 하는가?

You should stop expecting from others.

'남에게 인정받고 싶다', '칭찬받고 싶다'와 같은 '평가'를 바라는 마음도 결국 타인을 향한 기대에서 비롯한다. 앞에서 말했듯이 성공한 사람은 타인에게 기대하지 않으며 누군가가 자기중요감을 충족해주리라고 생각하지도 않는다. 그들은 다음의 사실을 안다.

"타인에 대한 기대를 버려야 자기 인생이 시작된다. 타인에게 기대하는 동안은 자기 인생을 살 수 없다."

타인에게 기대하는 인생과 기대하지 않는 인생. 이 둘은 정말로 대조적이다. 남의 평가를 신경 쓰는 사람은 허세를 부린다. 쓸데없이 명품을 사거나 소문에 신경 쓰면서도 정말로 자신이 하고 싶은 일이 무엇인지는 깨닫지 못한다.

또한 자기 뜻대로 행동하지 않기 때문에 무슨 일이 일어나도 전부 '남의 탓'을 한다. 자신의 미숙함을 반성하지도 않기 때문에 자신을 바꾸려 하거나 성장을 위해 노력하지도 않는다. 반대로 불평만 늘어놓을 뿐이다. 그래서 '지금 현재의 자신'이 인정받지 못하면 불안해서 견딜 수 없다.

한편 타인의 평가를 기대하지 않는 사람은 성공도 행복도 전부 다 스스로 노력해서 붙잡으려고 한다. 그래서 자기에게 부족한 것이 있으면 스스로 채우려고 하며. 자신이 미숙하다고 느끼면 성장하려고 노력한다. '앞으로 자신은 더욱더 대단해질 것이다'라고 믿기 때문에 지금 이 순간 타인에게 인정받지 못해도 걱정하지 않는다.

어떤 삶을 살아갈지는 우리의 선택에 달려 있다. 갑자기 처음부터 '전부 내 책임이다'라고 하기는 어렵겠지만 조금씩 수준을 높여가면 된다.

그 첫걸음은 '인생의 목표를 정하는 것'이다. 그것도 타인의 평가나 기대가 아닌 자신만의 목표를 말이다. '남에게 칭찬받을 만한', '세상 사람들에게 인정받을 만한' 목표에 덤벼들면 또 이상한 일이 일어난다.

자원봉사나 훌륭한 일을 하는데도 늘 기분이 언짢아 보이는 사람을 보면 짐작할 수 있지 않은가? 그 일이 정말로 자신이 하고 싶은 일이라면 즐겁게 하면 되는데 무슨 이유인지 얼굴이 어둡다. 게다가 '왜 모두 자원봉사를 하지 않는 걸까?', '어째서 내가 이렇게까지 일했는데도 별로 고마워하지 않는 걸까?'라며 다른 사람을 비판하는 경우도 있다. 이래서는 피곤해진다. 자원봉사가 정말로 하고 싶어서 하는 사람이라면 절대로 이렇게 반응하지 않을 것이다.

자원봉사 자체를 비판하는 것은 아니니 오해가 없길 바란다. 남의 평가를 신경 쓰면 진정한 목표를 이룰 수 없고 자기 인생을 살 수도 없다. 그 말을 하고 싶을 뿐이다. 초조해하지 말고 자기 목표를 찾자. 그것이 타인에 대한 기대에서 벗어나는 지름길이다.

9

어쩌면 당신도
아스퍼거증후군일지 모른다

He may have Asperger's syndrome.

어딜 가도 잘 지내지 못하고 사회생활을 하면서 매번 문제에 휘말리는데 왜 그러는 건지 원인을 몰라 고민하는 사람이라면 '아스퍼거증후군'을 의심해볼 수 있다. 엉뚱한 소리 같겠지만 나는 일에서 성공하고 싶다면 아스퍼거증후군과 무관하게 지낼 수 없고, 그에 관한 정확한 지식을 알아야 한다고 생각한다.

이렇게 말하는 데는 두 가지 이유가 있다. 첫째, 자신이나 주위 사람이 아스퍼거증후군일 때 그 사실을 인식하면 일이나 의사소통이 훨씬 수월해진다. 둘째, 아스퍼거증후군인 사람이 주의해야 할 점을 아스퍼거증후군이 아닌 보통 사람이 주의해도 손해는 없을뿐더러 오히려 도움이 되기 때문이다. 순서대로 설명하겠다.

아스퍼거증후군은 자폐증의 일종이다. 아스퍼거증후군의 특징으로는 지적 능력에는 문제가 없지만 '대인관계에서 지켜야 할 암묵적인 규칙을 모른다', '대화에 등장하는 농담이나 비아냥거림을 모른다', '친한 친구 관계를 구축하지 못한다', '특정 분야에서는 놀랄 만한 능력을 발휘하는 일도 있다' 등을 들 수 있다.

학창 시절에는 평균이나 그 이상의 성적을 내고 조금 '별난 사람'이라는 인상을 주는 정도라서 평범하게 생활할 수 있을지도 모른다. 그러다 성인이 되어 사회에 나간 뒤에는 일이 잘 풀리지 않고 직장에서 문제를 일으키는 경우를 종종 볼 수 있다.

그들은 대부분 자신이 아스퍼거증후군을 앓고 있다는 사실을 깨닫지 못할 뿐 아니라 장애에 대한 인식이 전혀 없기 때문에 적절하게 대처하지도 않는다. 주위 사람들은 그들을 '까다로운 사람'이라고 판단하고, 본인도 정작 왜 자기 주변에서 계속 문제가 일어나는지 모르는 경우가 많다.

아스퍼거증후군이 있는 사람은 메타인지 능력(자신을 객관적으로 보는 능력)이 약하다. 그래서 아스퍼거증후군인 사람일수록 '나는 아스퍼거증후군이 아니다'라고 굳게 믿는다. 시중에 자신에게 아스퍼거증후군이 있는지 없는지 진단할 수 있는 점검표가 돌아다니는데, 아스퍼거증후군이 있는 사람은 그것을 봐도

'자신은 그렇지 않다'라고 인식한다.

사실은 나도 아스퍼거증후군이 있다. 앞에서 '웃지 않는 탓에 오해를 사는 일도 많아서 웃는 얼굴 근육을 단련했다'고 말했는데, 그 사건도 내가 아스퍼거증후군을 앓고 있다는 사실을 깨닫는 계기가 되었다.

당신이나 당신 주위에 있는 사람이 아스퍼거증후군을 앓을 가능성을 염두에 두기 바란다. 직장에서 이유는 잘 모르겠지만 일이 잘 풀리지 않아서 고민한다면 더욱더 그렇다.

정신과 의사에게 진료를 받아도 단순한 우울증, 조현병, 인격장애 또는 적응장애 등으로 진단할 때가 많아서 이것도 사태를 악화시킨다. 항우울제 등을 처방받을 경우 아스퍼거증후군이 조금 좋아질 수는 있어도 근본적으로 해결되지는 않는다.

이럴 때는 아스퍼거증후군임을 깨닫고 사회생활을 순조롭게 해낼 수 있도록 재교육을 받아야 한다. 치료가 아니라 교육이다. 아스퍼거증후군은 병이라기보다 '뇌의 버릇, 개성'과 같아서 완치되는 것이 아니기 때문이다. 치료하려고 할 것이 아니라 그 장애를 활용해 어떤 식으로 세상에 어울리게 할 것인지 생각해봐야 한다.

10 일 잘하는 트러블메이커에게 주의하라

Troublemaker and Asperger's syndrome.

앞에서 '당신도 아스퍼거증후군일 수 있다'라고 지적했다. 그만큼 세상에는 아스퍼거증후군인 사람이 많다. 일반적으로 사람들이 상상하는 것보다 훨씬 더 많다고 생각하자. 현재는 100명 중의 한 명이 우울증 또는 아스퍼거증후군이라고 한다.

그러나 아스퍼거증후군을 제대로 이해하지 못하는 정신과 의사도 많아서 정확하게 진단할 수 없는 탓에 이 숫자는 믿을 수 없다. 내가 자폐증을 진료하기 시작한 1996년 무렵에는 1,000명에 한 명이었는데 지금은 100명에 한 명꼴이다. 환자 수 자체가 단기간에 열 배로 늘어났다고 생각하기는 어렵다. 이는 아마도 진단하는 쪽의 문제라고 생각할 수 있다. 처음부터 아스퍼거증후군 증상이 나타나는 사람이 많았는데 이제야 정확하게 아스퍼거증후군이라고 진단하게 되었다는 뜻이 아닐까? 그럼에도 아직 실제 환자 수와는 차이가 있다고 생각한다.

아스퍼거증후군인 사람과 그렇지 않은 사람 사이에는 명확한 경계선이 있는 듯하면서 없다. 중간층이라고 할 수 있는 '아스퍼거증후군 경향이 있는 사람'이 많아서 그들 또한 생활에 어려움을 겪는다.

'설마 이렇게 능력 있는 사람이 아스퍼거증후군일 줄 몰랐다'며 놀라는 사례도 수두룩하다. 사실은 의사나 변호사 가운데 아스퍼거증후군이 많다. 아스퍼거증후군인 사람은 단순 기억력이 좋아서 필기시험에서 높은 성적을 거두므로 난도가 높은 자격증을 취득할 수 있다.

인격적으로 문제가 있다고 느껴질 때도 있지만 주위 사람들이 '선생님, 선생님' 하면서 따르기 때문에 일은 일단 지속할 수 있다. 나는 이른바 '지독한 의사'로 불리거나 '닥터 해러스먼트(doctor harassment, 의사의 권위로 환자를 괴롭히는 것)'를 저지르는 의사가 많은 것은 그런 점에도 원인이 있지 않을까 주목한다.

11 아스퍼거증후군의 특징

People with Asperger's syndrome can't prioritize anything.

아스퍼거증후군인 사람들의 특징을 몇 가지 소개하겠다.

먼저 아스퍼거증후군인 사람들은 늘 짐이 많다. 매사에 우선순위를 정하지 못해서 '이것도 필요하고 저것도 필요하다'라며 가방에 전부 채워 넣기 때문이다.

나도 평소 병원에 출근하면서 커다란 가방 속에 책을 몇 권씩 넣고 다녔다. 다 읽을 수 없다는 것은 알지만 여러 책 중에 어느 한 가지를 선택하지 못하고 다 챙기는 것이다.

같은 이유에서 아스퍼거증후군인 사람은 지각도 자주 한다. '실행기능장애'가 있어서 단기적·중기적인 계획을 짜서 일을 순서에 맞게 진행할 수 없다. 그 대신에 눈에 띄는 일에 자꾸 손을 댄다. 결과적으로 밖에 나갈 채비를 할 때 전혀 진척이 없기 때문에 결국 지각을 하는 것이다.

우선순위를 정할 수 없어서 일도 순조롭게 진행할 수 없다. 지금 당장 안 해도 되는 작업에 손을 대서 마감을 놓치는 실수를 반복한다.

지침이 없으면 일을 못 하는 것도 아스퍼거증후군의 특징이다. 완벽주의 경향이 있는 그들은 '대체로 이런 느낌'이라고만 지시하거나 완성하고 났을 때의 청사진이 분명하지 않으면 이해하지 못하기 때문이다. 상사는 '이렇게 간단한 일인데 왜 못하지?'라고 의아해할지 모른다. 아스퍼거증후군이 있는 사람은 일반 사람이라면 쉽게 이해하는 일을 제대로 하지 못한다. 그래서 일을 의뢰할 때는 상세하게 지시해야 한다. '이 일은 이런 느낌으로 해'라고만 하면 그 일을 해내지 못한다.

그래도 아스퍼거증후군인 사람이 아직 부하 직원인 동안에는 상사에게 지시를 받을 수 있는 처지이므로 어떻게든 일을 처리할 수 있다. 그러나 자신이 상사가 되면 더는 아무에게도 지시를 받지 못해 회사생활을 하기가 어려워진다.

그 밖에 약의 부작용이 나타나기 쉬운 경향도 있다. 알레르기도 많아서 외부 물질의 영향을 심하게 받기도 한다.

아스퍼거증후군의 원인은 아직 해명되지 않았다. 다만 자폐증 환자 25퍼센트에게서 뇌의 편도체라는 부위가 위축하는 증상이 보인다는 점에서 '선천적인 뇌의 문제'일 것으로 추측한다. 그 외에도 다른 원인을 생각할 수 있지만, 어느 것이나 결국은 뇌에서 기인한다는 점은 같다.

외부 물질에서 영향을 받는 흐름 측면에서 말하자면 탄수화물의 영향도 쉽게 받는다. 탄수화물을 먹으면 도파민이 저하해서 우울증 증상이 나타난다. 또 탄수화물을 먹으면 베타 · 엔도르핀이라는 뇌내 마약이 늘어난다. 그러면 환각, 망상이 나타날 정도로 퍼져 나가서 조현병 증상이 나타나는 유형도 있다.

12 아스퍼거증후군이
의심된다면

Carbohydrate restriction is recommended for people
with Asperger's syndrome.

지금까지 거론한 아스퍼거증후군의 특징을 보고 뭔가 짚이는 점이 있다면 한번 '나도 아스퍼거증후군이 아닐까?'라고 의심해보기 바란다. 만약 아스퍼거증후군이라면 자신이 아스퍼거증후군이라는 것을 아는 것만으로도 원인을 모르는 데서 비롯한 불필요한 스트레스를 느끼지 않아도 된다.

또는 자신의 주위에도 아스퍼거증후군인 사람이 있을지 모른다. 그 사람이 주위 사람들에게 주는 영향이 당신이 스트레스를 받는 원인일 때, 상대방이 아스퍼거증후군일 가능성을 염두에 두면 몸과 정신에 이상 증상이 나타날 정도의 스트레스를 피할 수 있을지 모른다.

아스퍼거증후군이 있어서 진찰을 받으러 오는 사람도 처음에는 자신이 아스퍼거증후군이라고 깨닫지 못한다. '뭔가 이상하다'라고 느끼기는 해도 우울증 탓이라고 생각하는 경우가 많다. 하지만 나는 아스퍼거증후군을 직접 앓고 있어서 그들이 진료실에 들어온 순간 아스퍼거증후군임을 알 수 있다.

가령 남의 시선이 무서워서 외출도 못 한다는 학생이나 아침에 출근할 생각만 해도 몸이 움직이지 않는다는 회사원은 둘 다 한눈에 아스퍼거증후군임을 알 수 있다. 확실히 우울증 증상이 보이는데, 그 우울증은 아스퍼거증후군 때문에 생긴다. 아스퍼거증후군으로 인해 사회에 적응하지 못하다보니 우울증에 걸린 것이다. 따라서 우울증 자체를 치료할 뿐만 아니라 아스퍼거증후군이라는 문제를 풀어내야 근본적인 해결에 이를 수 있다.

그들에게 가장 먼저 지도하는 것도 역시 당 끊기나 당 줄이기다. 또한 '나는 어쩌면 아스퍼거증후군일 수도 있다'라고 의심하기 시작한 사람에게 권하는 것도 당 끊기나 당 줄이기다. 누군가 아스퍼거증후군이 아니었다고 해도 당 끊기, 당 줄이기는 건강에 도움이 되니까 실천해서 손해 볼 것은 하나도 없다. 실행기능장애는 정도의 차이가 있지만 건강한 사람에게서도 나타난다. 아스퍼거증후군에 대한 대처법을 아는 것은 누구에게나 유익하다.

13 웃는 게 서툰 사람이
호감을 얻는 법

The point is to give clear and specific instructions.

아스퍼거증후군 진단을 받은 사람에게는 당 끊기나 당 줄이기를 권유하며 앞에서 말한 '재교육'으로 아스퍼거증후군이 있어도 사회생활을 할 수 있도록 지도한다. '어쩌면 나도?'라고 의심하는 사람이나 주위의 누군가가 아스퍼거증후군일지도 모른다고 추측하는 사람도 참고하길 바란다. 어떤 사람이라도 이 방법을 실행하면 타인과 의사소통하는 데 좋은 영향을 미친다.

한 가지 핵심은 구체성이다. 무엇을 부탁할 때도 "이것을 이렇게 해주세요"라고 확실하게 말한다. 앞에서 설명했듯이 아스퍼거증후군인 사람은 모호한 지시를 싫어하므로, 예컨대 "남의 기분을 생각하며 행동해"라고 해봤자 무엇을 어떻게 해야 할지 몰라서 혼란스러워할 뿐이다. 그럴 때는 구체적인 행동을 알려준다.

"아침에 인사하자."

"웃는 얼굴로 인사를 하자."

"웃을 수 없으면 입 모양을 '이'로 만들자."

아스퍼거증후군이라서 웃는 것이 서투른 사람이라도 입을 옆으로 '이' 하고 벌리기만 하는 것이라면 문제없이 할 수 있다. "안녕하세요('이')." 이로써 웃으며 인사할 수 있다. 이것만으로 사회생활이 꽤 편해진다.

생글생글 웃으며 인사하면 호감을 얻는다. 호감을 얻으면 어떤 문제를 일으켰을 때도 '뭐 어때' 하며 상대방이 용서해줄 여지가 생긴다. 아스퍼거증후군인 이상 약간의 문제는 피할 수 없다. 그렇기에 다른 사람들에게 호감을 얻는 것이 중요하다. 웃는 얼굴은 호감을 얻을 수 있는 강력한 무기다.

부하 직원에게 아스퍼거증후군이 있다면 구체적으로 일을 지시하고, 그 일을 끝마치고 나면 그 다음 일을 다시 구체적으로 지시한다. 동시에 여러 가지 지시를 내리지 않고 하나씩 지시하도록 주의한다. 그 사람의 속도를 지키는 것도 요령이다. 지시받은 일을 방치할 때가 있는데, 게으름을 피우는 것이 아니라 자신이 결정한 순서대로 처리하는 것일 뿐이다.

또 하나 호감을 얻기 위해 필요한 것은 '상대방의 자기중요감을 높이는 것'이다. 하지만 역시 아스퍼거증후군인 사람은 '그런 건 어떻게 하지?' 하며 머릿속이 멍해진다.

이럴 때를 대비해 상사에게 구체적으로 물어보는 습관을 들이도록 한다. 예를 들어, 상사가 심하게 큰소리를 쳐서 괴롭다면 그 상사의 자기중요감을 높이는 행동을 한다. 즉, 상사가 어떤 지시를 했는데 잘 모르겠거든 혼나기 전에 "이 일은 어떻게 하면 좋을까요? 알려주세요"라며 물어보는 습관을 들인다.

즉 '질문을 해서 알려주게 하는' 것이다. 원래 남에게 알려주는 것은 기분 좋은 일이다. 존경과 감사를 받으므로 자기중요감이 올라간다. 이렇게 해서 타인의 자기중요감을 높이는 훈련을 계속한다. 그것만 할 수 있으면 사람들에게서 사랑을 받을 수 있다. 영업이든 뭐든 상대방이 바라는 것은 궁극적으로 '자기가 인정받는 것'이다.

또한 그것은 아스퍼거증후군인 사람 자신을 위해서이기도 하다. 아스퍼거증후군인 사람이 병원에 찾아올 때는 본인의 자기중요감이 완전히 저하한 상태다. 그런데 다른 사람의 자기중요감을 높일 수 있게 되면 다른 사람으로부터 인정받고 필요한 사람이 된다. 그러면 자신의 자기중요감도 충족할 수 있다.

이와 반대로 행동하니까 인간관계에서 실패한다. 먼저 자신의 자기중요감을 높이려고 해서 '인정해주지 않는다, 이해해주지 않는다'라며 불평한다. 그러나 모든 사람이 자신을 신경 쓰는 것은 아니라고 생각해야 신상에 좋다.

이것은 건강한 사람에게나 아스퍼거증후군인 사람에게나 똑같이 중요하다. 자신의 자기중요감을 높여주지 않는 누군가를 마음에 두는 사람은 없다.

14 다빈치, 아인슈타인, 빌 게이츠의 공통점

People with Asperger's syndrome not only have a disability but also have talents.

'당신도 아스퍼거증후군일지 모른다'라는 말을 듣고 충격을 받은 사람도 있을 것이다. 하지만 아스퍼거증후군에는 대단한 힘도 있다는 사실을 알면 용기가 생길지 모른다.

어째서 성공한 사람의 습관을 알려주는 책에서 이 정도로 아스퍼거증후군에 대해 상세히 쓰는 것일까? 거기에는 확실한 이유가 있다.

사실 아스퍼거증후군이 있는 사람 중에는 천재가 많다. 오히려 지금까지 세상에 나온 대부분의 천재가 아스퍼거증후군이었다고 해도 좋을 정도다. 에디슨이나 다빈치, 아인슈타인, 스티브 잡스, 빌 게이츠도 모두 아스퍼거증후군이거나 '아스퍼거증후군 경향이 있는 사람'이다. 빌 게이츠는 회의가 거북해서 1 대 1로는 논의할 수 있지만 1 대 다수가 모인 자리에서는 말을 잘하지 못한다고 한다.

뛰어나게 우수한 데다 어딘지 별난 사람들은 아무도 생각지 못한 새로운 일, 기술 혁신을 일으킬 수 있다. 아스퍼거증후군이 세상에 존재하지 않았다면 인류는 아직도 석기시대 상태에 머물렀을 것이라고 하는 사람까지 있다.

인류는 수백만 년 전에 아프리카에서 탄생했다고 한다. 그로부터 오랫동안 원시시대가 이어졌다. 그러다 불과 철을 사용하기 시작하면서 눈 깜짝할 사이에 문명이 탄생했다.

그리고 어느 순간부터 과거에는 생각할 수 없었던 속도로 진화가 급속하게 일어났다. 그 사이에 나타난 연이은 기술혁신은 아스퍼거증후군을 통해 이루어진 것이라고 볼 수 있다. 컴퓨터도 아스퍼거증후군이 없었다면 탄생하지 않았을 것이라는 견해도 있다.

나는 총인구에서 아스퍼거증후군과 아스퍼거증후군 '경향이 있는 사람'을 합쳐서 20퍼센트, 그렇지 않은 일반 사람이 80퍼센트 정도 될 걸로 추측한다. 그렇기에 80퍼센트의 일반 사람들이 스트레스를 받는 요인 중에는 20퍼센트의 아스퍼거증후군이 있는 사람들과 관련된 일이 상당 부분 차지할 것이다. 따라서 자신이 아스퍼거증후군이라면, 또는 이웃이 아스퍼거증후군이라면 어떻게 해야 하는지 정확하게 알 필요가 있는 것이다.

나는 '자신은 아스퍼거증후군일지 모른다'라는 사람도 될 수 있으면 이 책을 읽어보기를 바란다. 적절히 대처하면 자신과 타인의 인생을 지킬 수 있을 뿐 아니라 더 나은 인생을 살 수도 있다. 부디 원인을 모르는 채로 '나는 왜 일을 못할까?' 하고 고민하다가 지쳐 쓰러지는 일이 없기를 바란다.

15 평소와 똑같이 해서는 피로를 풀 수 없다

Do the other things in other places on weekends.

다음 주제는 '휴식'이다. 주말에는 온종일 잠만 잔다는 사람이 있는가 하면. 운동으로 땀을 흘려서 스트레스를 발산하는 사람도 있으며, 마사지 숍에서 정신을 치유한다는 사람도 있을 것이다. 그럼 휴식에 대한 '의학적인 정답'은 무엇일까? 정신과 의사로서 내가 말하는 정답은 다음과 같다.

"평소와 다른 환경에서 평소와 다른 자극을 받는다."

"일상과는 다른 공간에서 지낸다."

쓸데없이 피곤하기만 할 거라고 생각했는가? 하지만 휴식이라고 해도 직접적인 긴장 해소가 아니라는 점이 중요하다. 말하자면 '편히 쉬기 전에 긴장해야 한다'라는 것이다.

평소와 다른 일을 하면 처음에는 긴장과 불안으로 가슴이 두

근거린다. 교감신경이 우위인 상태라서 이것 자체는 편안함과는 다른 감각일 수 있다. 그러다가 긴장이 풀어지면 깊이 안심한다. 이래야 좋다.

극단적인 예지만 예전에 이런 일이 있었다. 나는 취미로 오토바이를 즐겼는데, 한산한 도로에서 엄청난 속도로 달리다가 길에 나 있는 홈에 걸려서 오토바이가 붕 뜬 적이 있다. 공중에 뜬 순간 '이대로 죽겠구나' 싶었다. 다행히 넘어지지 않고 겨우 착지했는데, 심장은 더할 나위 없이 두근거리고 온몸이 딱딱하게 굳었던 기억이 뚜렷하다.

그런데 재미있는 것은 그 일이 있은 후 그동안 앓고 있던 어깨 결림이 거짓말처럼 나았다는 점이다. 이는 극도로 긴장한 뒤에 몸이 풀어졌기 때문이다. 긴장과 이완의 리듬과 낙차가 피로를 치유한 것이다.

간과하기 쉬운 사실이지만 평소와 똑같이 해서는 피로를 풀수 없다. 물론 목숨을 걸고 오토바이와 통째로 하늘을 날 필요는 없다. 그렇지만 주말에 늘 집에서 저녁까지 잠을 자도 피로가 풀리지 않는다는 사람은 어딘가 다른 곳에 묵으러 가거나 속는 셈치고 일찍 일어나서 움직이면 반드시 효과가 있을 것이다.

16 성공한 사람들이 취미에 목숨을 거는 이유

Progressive muscle relaxation.

성공한 사람은 일할 때는 미친 듯이 일하고 놀 때는 화끈하게 논다. '소처럼 일하고 왕처럼 논다'라는 말을 그대로 실천하는 것이다.

어느 경영자는 일 때문에 바쁘지만, 한편으로 클래식 자동차에 빠져 있다. 치시탈리아, 부가티 등 고급 자동차를 차고에 줄 세워 놓고 매우 만족해한다. 르망의 레이싱 팀을 소유할 정도의 마니아도 있었다. '애써 번 돈을……', '그렇게 바쁜데 저렇게까지 하다니……'라고 여길 정도로 공을 들이는데, 그들은 취미나 놀이에도 일과 마찬가지로 진심과 열정을 쏟는다.

그들을 보고 알아낸 것은 이런 행동이 절대 '그만큼 돈이 있어서', '돈을 벌 만큼 벌었으므로 시간이 자유로워서' 하는 것이 아니라는 사실이다. 그들은 그들에게 '자극'이나 '비일상'이 될 만한 것을 추구했다.

　나도 그들에게 자극을 받아서 다양한 시도를 해봤다. 킬리만자로산 정상에 오른 것도 그들과 함께 참가한 관광 여행에서였다. 하산한 뒤에는 세렝게티국립공원이라는 세계에서 가장 큰 자연공원에 들렀고, 두바이에서 호화롭게 놀고 나서 집으로 돌아왔다. 러시아에서는 일주일 동안 특수부대 훈련을 받기도 했다. 3미터 높이에서 굴러떨어져서 식은땀을 흘리거나 미그전투기(MIG)를 타고 마하 2.6의 비행을 체험하거나 고르바초프 전 대통령을 만나는 등 그야말로 자극으로 가득한 경험을 했다.

　'밑져야 본전'이라는 생각으로 엄청난 액수의 참가비를 냈는데, 본전을 찾은 것은 물론 거스름돈이 차고 넘친다고 느낄 정도로 많은 것을 배웠다. 그때 배운 것 가운데 하나가 '휴식'에 대한 답이었다. 비일상적인 공간에서의 체험만큼 일상의 피로를 풀어주는 것이 없다는 말이다.

　'긴장과 이완'이라는 조건만 충족되면 돈을 쓰지 않고도 피로를 풀 수 있다. 몸과 마음이 다 지쳤으면 평소와 다른 시간에 일어나 평소와 다른 길을 걷고 평소와 다른 장소에서 평소에는 하지 않는 일을 해보자. 집에서 잠을 자거나 마사지, 사우나를 하러 가는 것과는 전혀 다른 힐링을 경험할 수 있을 것이다.

　이 구조를 이용하는 간단한 긴장 완화법을 덧붙여 소개하겠
다. '점진적근이완법(progressive muscle relaxation)'이라는 방
법이다. 예를 들어, 손의 긴장을 풀고 싶을 때는 20초 동안 주먹
을 힘껏 쥔다. 그 힘을 준 손을 확 풀면 긴장이 풀린다. 이렇게만
하면 끝이다. 이 방법을 온몸의 구부러지는 부분에 다 적용한다.
주먹, 위팔, 어깨, 목덜미, 얼굴, 등, 무릎, 발바닥 등 순으로 계속
이어간다. 그래서 '점진적'이라고 하는 것이다.

　점진적근이완법은 언제 어디에서나 할 수 있다는 장점이 있
다. 지쳤을 때, 불안을 느꼈을 때, 갑작스럽게 긴장감에 사로잡
혔을 때 사무실이나 어디에서든지 한번 해보기 바란다. 마음껏
힘을 주었다가 단번에 힘을 뺀다. 그럼 몸과 마음이 수십 초 만
에 편안해질 것이다.

17 싫증 나지 않으면
피곤하지 않다

If you get tired of doing the same thing, you get tired.

피로를 풀고 싶다면 평소와 다른 일을 하자고 했다. 반대로 이는 늘 똑같은 일만 하면 피곤하다는 뜻이다. 피로는 '싫증'을 의미한다. 싫증이 난다는 것은 지쳤다는 것이다. 그 증거로 영어에서는 둘 다 'tired'라는 단어로 표현한다. 육체적으로 부담이 없는 일이라도 계속하는 동안 피곤해지는 것은 싫증이 나기 때문이다.

그렇다면 싫증이 나지 않게 하면 된다. 싫증이 나지 않으면 피곤하지 않다.

일할 때도 한 가지 작업에 집중하기보다 여러 가지 작업을 바꿔가며 진행하면 의외로 피로가 쌓이지 않는다. 어떤 일을 하는 것이 다른 일로 생긴 피로를 풀어주기 때문이다. 언뜻 보기에

'일만'하는 것 같아도 사실은 그곳에 힐링이 있다.

공부를 좋아하는 아이는 수학을 공부하다 잠시 쉬려고 국어나 과학을 공부한다. 하는 일은 전부 공부지만 본인은 과목을 바꿔서 기분 전환을 했으므로 피곤하지 않다. 방사선 연구로 노벨상을 받는 마리 퀴리는 물리학을 연구하다 지치면 수학 문제를 풀었다고 한다. 수학이 서투른 사람은 믿을 수 없겠지만 마리 퀴리에게는 그것이 휴식이었다.

당신도 무의식중에 이미 하고 있는지도 모른다. 공부하는 짬짬이 만화책을 읽거나 일이 쌓였는데 책상을 정리하기 시작한 기억이 있지 않은가? 이런 게 다 '싫증'에서 벗어나기 위한 행동이었다는 뜻이다.

나는 아마도 편의점이나 패스트푸드점에서 아르바이트를 하면 반드시 피로가 풀릴 것이다. 온갖 아르바이트를 다 해봤지만 이런 일은 경험해보지 못했기 때문이다. 경험한 적이 없는 신선한 일이 당신에게 새로운 힐링을 선사한다.

18

책으로
피로를 푸는 법

Reading books is a great way to relieve fatigue.

상식을 날려버릴 만한 '대단한 것', '초일류의 전유물'을 접하는 것도 추천한다. 물론 교양을 깊이 쌓을 목적도 있지만 평소와 다른 환경에서 평소와 다른 자극을 받으면 몸과 마음이 상쾌해진다. 식사하러 간다면 '늘 가는 가게', '단골 가게'로 가지 않고 과감하게 별 세 개짜리 레스토랑을 예약해보는 것도 좋다. 음악을 들을 때 CD를 재생하는 게 아니라 라이브콘서트에 간다. 그만큼 돈이 들고 자주 할 수 있는 것도 아니지만, 어딘가에서 기를 넣고 초일류의 전유물을 느껴보면 휴식의 효과가 클 것이다.

자신이 몰랐던 세계, 그것도 더 나은 세계를 접하는 것 자체가 좋은 영향을 미친다. 그 레스토랑이나 라이브콘서트가 마음에 들면 '또 이곳에 와야지', '다음에는 ○○에 가보자'라는 동기가 부여되기도 한다.

초일류의 전유물이나 남에게 흥미가 없다면 책을 읽는 방법을 추천한다. 여하튼 고작 몇천 원에서 몇만 원의 돈으로 전 세계 위인들의 생각을 알 수 있다. 책은 그 가치와 비교하면 놀라울 정도로 가격이 저렴하다고 할 수 있다. 한 시간 강연료가 수십만 원이나 하는 성공한 사람의 말도 단돈 만 원이면 책으로 읽을 수 있다. 그런데 이런 책을 이용하지 않는다면 정말 아까운 일이 아닐 수 없다.

나는 매일 아침 따뜻한 물에 몸을 담그고 땀을 흘리며 책을 읽는 습관이 있다. 언제나 의욕을 일으키는 책, 힘이 나는 책을 선택한다. 소설이나 다큐멘터리는 별로 읽지 않는다. 이는 나만의 자기 관리법인데, 아침부터 의욕을 올리려면 어떤 계기나 도움이 필요하다. 그래서 책의 힘을 빌리는 것이다. 이 방법에 동의하는 사람을 위해 도서 몇 권을 추천하겠다.

먼저 세계 최고의 코치 토니 로빈스(Tony Robbins)의 책은 어느 것이나 분량이 적당해서 읽기 쉽다. 직장인이라면 누구나 용기를 얻을 수 있을 것이다. 로빈스의 성공 철학을 정리한 서적은 전 세계에서 1,000만 부 넘게 팔렸다.

《현자의 가르침(The Message of a Master)》(존 맥도널드)이나

《부자의 유산(The Book of Secrets)》(로버트 J. 페트로)도 내가 좋아하는 책이다. 성공 철학의 고전이다. 또한 히스이 고타로라는 카피라이터가 쓴《내일이 내 생애 마지막 날이라면》은 무엇이 인생의 성공인지 고민할 때 도움이 되는 책이다.

50세 전후의 직장인을 대상으로 '습관으로 만들지 못해 후회하는 일은 무엇인가?'라는 주제로 설문조사를 한 적이 있는데, 운동과 저축에 이어서 '독서(공부)' 순으로 조사되었다. 많은 사람이 '좀 더 해놓아야 했다'라고 후회하는 독서. 그것은 독서가 전형적인 제2영역의 일이며 바쁘면 자기도 모르게 뒤로 미루기 쉬운 행위라서 그렇다.

하지만 '피로를 풀 수 있다'라는 면에서 독서는 실제로 즉효성이 높다. 책 읽기를 좋아하는 사람들은 일이 바쁘더라도 일단 책을 읽기 시작하면 피로가 풀린다.

19

체온조절이
몸과 마음에 미치는 영향

Health benefits of taking baths.

특별히 목욕을 좋아하는 사람이 아니라면 소홀히 하기 쉽지만 목욕에도 큰 장점이 있다. 뜨거운 물에 몸을 담그면 혈액순환이 좋아져서 땀을 흘리고 피로물질을 내보내므로 해독 효과를 기대할 수 있다. 또한 몸과 마음이 해방되고 피로에서 벗어나 부교감신경이 우위인 상태가 되면 긴장이 풀려서 잠을 깊이 잘 수 있다.

그러나 단순히 뜨거운 물에 몸을 담그기만 해서는 몸의 표면만 따뜻해질 뿐이며 몸속까지 열이 침투하지 않는다. 그러니까 땀을 흘릴 때까지 목욕을 하는 것이 중요하다. 반신욕으로 20분 정도 뜨거운 물에 몸을 담그면 좋을 것이다.

현대인은 교감신경이 우위에 서기 쉬워서 땀을 흘리는 능력이 떨어진다. 그래서 체온조절을 잘 못해서 여름에도 수족냉증으로 고생하는 사람이 늘고 있다. 이는 데이터로도 밝혀졌는데, 예전에 비해 사람들의 평균 체온이 낮아져서 저체온증인 사람이 늘어났다.

50년 전과 비교하면 평열(건강할 때 사람의 체온)이 0.6도나 떨어졌다고 한다. 우울증도 저체온증과 무관하다고 할 수 없다. 신체의 일부가 차가워지면 그 부분의 기능이 떨어진다. 이는 다른 병의 원인이 되기도 한다. 이 악순환을 목욕으로 끊어내자.

자신의 생활 리듬에 맞춰서 좋아하는 시간에 욕조에 들어가면 된다. 나는 이미 앞에서 말했듯이 매일 아침 책을 읽으며 목욕하는 습관이 있다. 목욕하고 나서 상쾌해지면 집안을 지켜주는 신을 향해서 인사한다. 이렇게 하루를 시작하면 살아 있음에 진심으로 고마움을 느끼게 된다.

아르키메데스는 목욕을 하다가 엄청난 발견을 한 것으로 유명하다. 그가 그렇게 할 수 있었던 것도 역시 긴장을 풀면 생각도 잘 떠오르기 때문이 아니었을까?

20 카메라 여덟 대의 시점을 도입하라

A bird's-eye view and eight cameras

성공한 사람은 누구나 부감(俯瞰), 즉 높은 데서 내려다보는 눈이 있다. 회사원이라면 신입 사원 시절부터 '자신이 사장이라면 어떻게 할까?'라고 한두 단계 위의 시점에서 생각하며 일한다. '월급 받는 만큼만 일하면 된다'라는 마음가짐으로 일하는 사람에게서는 나오지 않는 생각이다. 그들은 높은 시점으로 생각할 수 있기에 다른 사람보다 월등한 속도로 출세하거나 독립의 길을 선택한다.

그런데 높은 시점에서 바라보는 것은 스트레스에서 벗어나겠다는 측면도 있다. 나도 지금까지 여러 번 '인생 최대의 위기'라고 할 만한 문제에 부딪혔었다. 하지만 어떤 어려움도 '사소한 일'이라고 생각을 바꿨다. 아무리 슬프고 가혹한 일이 일어나도 그것이 '사소한 일'이라고 생각하는 것이다. 이를 위해 나는 평소에 '카메라 여덟 대의 시점'을 의식적으로 생각한다.

카메라 여덟 대의 시점이란 자기 인생을 여덟 대의 카메라로 촬영한 영상을 보듯이 대한다는 뜻인데, 좀 더 자세히 설명하겠다.

중심이 되는 1번 카메라는 자신의 육안이다. 상대방의 표정과 말, 행동을 촬영한다. 2번 카메라는 자신의 괜찮은 면을 찍는다. '나는 이렇게나 대단하다'라고 자기에게 유리한 점만 촬영하고 상대방에게는 전혀 주의를 기울이지 않는다.

1번 카메라와 2번 카메라만으로 대인관계를 해나간다면 의사소통이 잘 이루어지지 않는다. 그럴 때 옆에서 상대방과 자신을 동시에 찍는 3번 카메라가 등장한다. 3번 카메라 덕분에 상대방의 행동을 보며 자기 행동을 조정할 수 있어 원활한 의사소통이 이루어진다.

4번에서 6번 카메라까지는 설명을 생략하고 7번 카메라로 건너뛰겠다. 7번 카메라는 먼 상공에서 지구를 내려다보는 카메라다. 달 정도의 거리랄까? 이것이 말하자면 부감의 시점이다. 죽고 싶어지는 가혹한 일이 일어났을 때도 그 거리에서 부감하여 매사를 살펴보면 '대단한 문제가 아니다', '딱히 죽어야 할 정도는 아니다'라고 정신을 차리게 된다. 그러면 기분이 안정되어 '뭐 어때' 하는 생각이 든다.

8번 카메라로 말할 것 같으면 자신과의 거리는 7번 카메라와 같지만 거기에 영화 필름을 넣어서 촬영한 영상이다. 그러면 물리적 거리에 시간적 요소가 더해진다. '지금 큰일이 일어났다. 그런데 이 일을 해결하는 것이 내 인생에서 어떤 의미가 있을까?'라며 모든 일에서 긍정적인 의미를 끌어낼 수 있다.

최소한 3번 카메라와 8번 카메라만 있으면 어떤 문제도 더 냉정하게 대처할 수 있다. 평상시에는 3번 카메라만으로 충분하다. 필요할 때 생각해낼 수 있도록 눈에 띄는 곳에 '3번 카메라'라고 써서 붙여놓으면 좋을 것이다.

죽느냐 사느냐 하는 상황이라면 8번 카메라가 나설 차례다. 스마트폰의 바탕화면에 지구 사진 등을 설정해놓는 것도 좋다. 8번 카메라를 연상하면 모든 어려움은 사소한 일이 되고, 오히려 위기를 기회로 바꿀 수도 있다.

성공한 사람 중에는 높고 넓은 시점으로 바라보는 사람이 많다. 그들을 보면 사람에게 있는 시점의 높이와 넓이가 그 사람의 심적 여유나 성취할 수 있는 일의 크기와 비례한다고 생각하지 않을 수 없다.

21 성공한 사람들은 자기 유형에 맞는 성공 방식을 추구한다

You need to know what type of person you are.

결과적이기는 하지만 성공한 사람은 자기 '유형'을 이해해서 어울리는 목표를 세우고 어울리는 행동을 선택한다. 자신에게 맞지 않은 일은 하지 않거나 고집하지 않는다. 그래서 행복한 형태로 성공하는 것이다.

여기서는 알기 쉽게 분류할 수 있는 몇 가지 유형을 예로 소개한다. 자신이 어떤 유형인지를 찾아서 유용하게 사용하기 바란다.

'희망 우선' 유형과 '위험 우선' 유형

수험생의 의욕을 끌어올리는 장면으로 설명하겠다. 그가 '희망 우선' 유형이라면 '합격하면 ○○해 주겠다'라며 속이는 방법이 효과적이다. 예컨대 자동차를 좋아한다면 "대학에 합격하면 스포츠카를 사줄게"라고 하면 공부할 의욕이 생긴다. 여자 친구와 스포츠카를 타고 드라이브하는 광경을 연상하며 이를 실현하고자 열심히 공부한다. 희망을 이루려고 할 때 에너지를 발휘하는 유형이다.

한편 '위험 우선' 유형의 수험생에게는 "대학에 떨어지면 큰일 난다", "그 뒤의 인생이 힘들다"라고 해야 의욕이 솟아난다. 이쪽은 잔걱정이 많아서 불안을 없애려고 할 때 힘을 내는 유형이다. 위험 우선 유형인 사람은 "합격하면 스포츠카를 사줄게"라고 해도 '떨어지면 사주지 않는 건가'라고 생각하기 때문에 공부할 의욕이 뚝 떨어진다.

이 중 자신이 어떤 유형인지는 비교적 알기가 쉬울 것이다.

'개성 중시', '효율 중시', '품질 중시' 유형

자동차를 구매하는 상황을 가정해보자. 똑같이 자동차를 사더라도 세 유형의 행동은 각각 다르다.

'개성 중시' 유형은 영업 사원의 인품을 중요하게 여긴다. '다른 누구도 아닌 당신에게서 사고 싶다'라는 마음을 우선시한다. 또 설명이 길더라도 제대로 들으려고 한다. 전문가를 지향하기도 해서 '엔진 개발 비화' 등 조금 편집적인 이야기도 흥미롭게 듣고, 그 이야기에 자극을 받아 구매하기로 마음먹기도 한다.

'효율 중시' 유형은 할인 매장에서 구매한다. 하지만 구두쇠와는 다르게 지급한 돈 만큼의 가치가 있는지 확인한다. 가격대비 성능비를 중시한다는 뜻이다. "손님에게만 싸게 드리겠습니다"라는 말에 약하다.

'품질 중시' 유형은 권위적인 것을 좋아해서 명품을 사고 싶어 한다. 또 강한 불만이 밑바탕에 깔려 있어서 어떤 문제가 생겼을 때 즉시 대처해주기를 바란다. 그래서 명품을 좋아하고 이왕 살 거라면 지점보다 본점을 찾는다. '○○ 교수 추천'이라는 광고 문구에도 잘 넘어간다.

재미있는 것은 유형마다 영향을 받는 말이 다르다는 점이다. 칭찬을 예로 들어보자. 개성 중시 유형을 칭찬하려고 할 때는 생글생글 웃으며 인품을 칭찬하면 좋아한다. 효율 중시 유형은 "의외로 잘하네", "역시 대단해"라고 진지하게 말하면 자극을 받는다. 품질 중시 유형은 과장해서 일부러 모든 사람 앞에서 "대단해요!"라고 칭찬하면 좋아한다. 이것을 알아두면 부하 직원을 움직이고자 할 때 활용할 수 있다.

반대로 당신이 열심히 상대방을 칭찬해도 반응이 없을 때는 그 유형을 착각하고 있는 것일 수 있다.

한 사람에게 여러 유형이 섞여 있는 경우도 많다. 예를 들어, 중대한 결정은 본심에 따라 내리고 평소의 깊지 않은 대인관계나 일상 업무에서의 결정은 표면상의 원칙에 따라 내리는 것이다.

이를테면 '본심으로는 효율을 중시하지만 표면상으로는 품질을 중시하는 사람'을 상대로 영업 사원이 자동차를 팔려고 할 때를 생각해볼 수 있다. 처음에는 품질을 중요시하기 때문에 "이 차 대단하네요!"라며 당장에라도 살 것 같은 분위기가 된다. 그러나 이야기가 진행될수록 효율을 중요시하는 본심이 나타나 "그런데 몇 프로나 할인해주나요?"라며 이야기를 되돌린다. 이럴 때 노련한 영업 사원일수록 무척 당황스러워한다.

당신의 사명은 무엇인가?

Fixed type vs Flexible type.

또 다른 방식으로 유형을 분류할 수도 있다. '고정적(fixed) 유형'은 목표를 표적으로 설정해서 그곳을 향해 최단거리로 나아가는 것을 선호한다. 반대로 '유동적(flexible) 유형'은 '왠지 이쪽일 것 같다'라는 생각을 지침으로 삼는다. 목표에 이르기까지의 과정도 직선이 아니라 줏대 없이 꼬불꼬불 구부러지거나 가지를 치기도 한다. 마지막에는 '이 부근쯤이면 되겠지?' 하며 대충 마무리해버린다.

말투에도 특징이 나타난다. 고정적 유형은 기승전결로 결론까지 일직선으로 나아가는 유형이며, 유동적 유형은 주제에서 자꾸 벗어난다. 고정적 유형은 연애에서도 한번 '사랑합니다'라고 하면 평생 사랑해야 한다고 생각하지만, 유동적 유형은 '마음이 바뀔 때도 있다'는 태도를 보인다.

대화 내용에도 차이가 있다. 고정적 유형은 본심과 표면상의 원칙이 명확하게 나뉘는데, 유동적 유형은 어느 쪽인지 헷갈리는 중간 영역이 있다. 그래서 유동적 유형은 고정적 유형을 받아들일 수 있지만, 반대로 고정적 유형은 유동적 유형을 받아들이지 못한다. '이 사람은 잘 모르겠다', '뭔가 용서할 수 없다'라는 반응을 보이는 것이다.

유형을 알면 인생의 목표도 끌어내기 쉽다. 목표에서 역산하면 어느 길을 더듬어가야 하는지도 단번에 알 수 있다. 뒤집어 생각하면 목표에서 거슬러 올라가 계산하지 않으면 그 목표까지 멀리 돌아가게 된다.

예를 들어, 개성 중시 유형은 무엇을 인생의 목표로 해야 할까? '자신의 인격을 높이는 것'이 중심이 된다. 효율 중시 유형은 돈이나 부동산 등 '유형 재산'이 목표다. 품질 중시 유형은 '나를 살릴 수 있는 조직'을 손에 넣는 것이다. 특히 커다란 조직이면 안심하고 자기 몸을 맡길 수 있다.

나는 개성 중시 유형이다. 이런 유형이 돈을 인생의 목표로 삼으면 실패한다. 그 이유는 자신이 원래 바라는 것이 아니라서 큰돈을 손에 넣어도 성취감을 얻지 못하기 때문이다. 반대로 효율 중시 유형이 인격자가 되겠다는 목표를 세우거나 '돈은 더럽다'라고 해봐도 뭔가 부족하게 느껴진다.

성공한 사람들은 무의식적일 수 있지만 이런 자기 유형에 어울리게 행동한다. 또한 사람들의 유형을 알아채는 능력도 뛰어나서 상대에게 어떤 말을 걸어야 의욕을 불러일으킬 수 있는지 잘 안다. 그렇기 때문에 그들은 성공하는 것이다. 그들은 정신적으로나 경제적으로도 모자람이 없고 타인의 평가를 신경 쓰지도 않는다. 이는 자신의 원래 목표, 사명을 깨달았기 때문이다.

성공을 다음 성공으로
연결하기 위한 습관들

#소화력 #고집 #직감

'무엇을 먹을까'보다 '어떻게 소화력을 높일까'

Ayurvedic methods for building digestive power.

여기까지는 성공한 수많은 사람의 공통점에서 출발한, '성공 계기'가 되는 몸과 마음의 스트레스를 떨쳐내는 습관을 소개했다. 이 장에서는 앞장까지 설명한 성공 계기를 실행해서 그 효과를 어느 정도 느낀 사람들을 위해서 다음 단계를 소개하려고 한다. 그것은 '성공을 다음 성공으로 연결하기' 위한 습관이다.

물론 의욕적인 사람들은 앞장까지 소개한 습관과 이 장에서 소개할 습관을 한꺼번에 시도해도 무방하다. 이 장의 내용이 마음에 와닿는다는 사람은 처음부터 이 장의 습관을 집중해서 익혀도 상관없다.

5,000년 역사를 가진 인도의 전통 의학 '아유르베다'에는 '소화력'이라는 말이 매우 중요한 키워드로 등장한다. 여기서 말하는 소화는 서양의학에서 말하는 소화와는 의미가 다르다. 서양의학은 소화를 위나 장 등 특정 기관의 기능으로 취급한다. 그래서 소화 기능이 약해지면 위에 원인이 있다고 생각해서 위의 기능을 좋게 하는 약을 처방한다.

한편 아유르베다에서는 소화불량이 일어나면 몸 전체의 소화력이 약해졌다고 생각한다. 여기에서 말하는 소화는 소화·흡수·대사를 한데 묶은 것을 나타낸다. 단순한 소화 기능에다가 먹은 음식이 제대로 에너지가 되기까지의 과정을 포함한다. 이때 생성되는 에너지를 '활력소(Ojas, 오자스)'라고 한다.

소화력이 약해지면 음식물을 소화·흡수·대사하지 못해서 살아가는 데 필요한 에너지인 오자스를 만들 수 없다. 서양의학에서 말하는 영양 부족에 따른 호르몬 부족, 자율신경기능이상 등이 여기에 해당한다. 아유르베다에서는 이 오자스 부족이야말로 온갖 안 좋은 몸 상태의 원인이라고 생각한다. 따라서 제대로 오자스를 생성할 수 있도록 소화력을 회복하는 것을 치료라고 여긴다.

나는 아유르베다에 현대를 살아가는 우리가 배워야 할 것이 많다고 생각한다. 현대인이 이토록 지치고 나른해 보이는 것은 일상의 거대한 스트레스로 소화력이 떨어졌기 때문이다. 이 책에서 권장한 당 끊기, 당 줄이기도 몸과 마음의 안 좋은 상태를 특정 기관의 문제가 아니라 몸 전체의 문제로 받아들인다는 의미에서 아유르베다와 통하는 부분이 있다.

우리는 평소에 '무엇을 먹으면 좋을까?'에만 주목하고 소화력은 거의 신경 쓰지 않는다. 그러나 소화력이 떨어지면 아무리 좋은 음식을 올바르게 먹어도 영양분이 되기는커녕 모두 독이 되고 만다.

모처럼 생활에서 당 끊기, 당 줄이기를 해나가도 소화력이 없으면 효력을 잃는다. 당질을 줄이거나 배제한 식생활에서는 단백질 섭취량이 많아지므로 위가 힘을 내야 한다. 우리는 지금 '무엇을 먹을까?'를 생각하기 전에 '어떻게 해야 소화력을 높일수 있을까?'를 고민해야 한다.

2 소화력을 떨어뜨리지
않는 식습관

Don't keep your body cold. Don't eat when you have no
appetite. Reduce sugar in your diet.

그럼 어떻게 해야 소화력을 떨어뜨리지 않고 생활
할 수 있을까? 여기서는 일상생활 속에서 쉽게 실천할 수 있는
핵심 세 가지를 소개하겠다.

- 몸을 차갑게 하지 말 것
- 입맛이 없을 때는 먹지 말 것
- 식생활에서 당을 줄일 것

일단은 이것만 실천해보자.

몸이 차가워지면 온몸의 기능이 저하하고 소화력도 떨어진
다. 그러므로 차가운 음식을 너무 많이 먹지 말아야 한다. 한여

름에 먹는 소면이나 수박 등은 맛있지만 몸을 차갑게 한다. 찬 음료도 멀리 하자. 음료를 늘 마신다면 뜨거운 물을 추천한다. 내장이 따뜻해져서 소화 기능이 촉진된다. 나는 하루에 다섯 번 이상 뜨거운 물을 마신다.

그리고 항간에 나와 있는, 그럴싸하게 들리는 건강법이 전부 정확한 것은 아니므로 주의해야 한다. 생강의 효용을 예로 들어 보자. 생강이 '체온을 올려주는 음식'이라고 생각해서 특히 여성 은 의식적으로 생강을 섭취하는 사람이 많다. 그런데 생강은 날 것이냐 익힌 것이냐에 따라 효능이 달라진다.

생강 날것은 소화력을 높인다. 생강을 갈거나 얇게 썬 것을 날 로 먹으면 즉효성이 있다. 생강을 말린 드라이진저(dry ginger) 는 몸을 따뜻하게 하는 효과가 있다. 위를 자극해서 몸속에 열이 나게 한다. 몸을 따뜻하게 하는 것이 목적이라면 드라이진저를 뜨거운 물에 타 마시면 좋다.

소화력이 약해졌다고 느껴지면 과감하게 아무것도 먹지 않 는 것도 좋다. 입맛이 없는데 건강을 위해서라며 억지로 '하루 세끼'를 지속적으로 먹으면 위를 혹사시켜서 소화력은 더 떨어 진다.

당 끊기나 당 줄이기는 그 자체로도 과식을 방지하는 효과가 있다. 당 줄이기를 통해 육류, 어류를 중심으로 한 식생활을 해나가면 소화력을 초과할 정도로 과식하는 것을 자연스럽게 예방할 수 있다.

조리 방법으로 말하자면 시간을 들이지 않고 만든 '가벼운 음식'이 이상적이다. Part 2에서도 말했듯이 복잡하게 공들인 요리는 소화에 부담을 준다. 예컨대 카레를 먹는다면 20시간 푹 끓인 카레보다 그 자리에서 순식간에 만든 인도 카레 등이 소화에 더 좋다. 욕심을 부리자면 냉동식품도 피해야 한다.

하지만 냉동식품을 식탁에서 완전히 없애기는 어렵다. 냉동식품은 일이 바빠서 조리할 여유도 없을 때 마음이 든든하게 해주는 아군이다. 또 기술의 진보로 맛있는 냉동식품도 많이 개발되었다. 그래도 될 수 있으면 냉동하지 않은 식재료로 간단하게 요리해서 먹도록 신경 써보기 바란다.

식사할 때는
식사에만 집중한다

Focus only on your meals when you eat.

식사할 때 식습관에도 주의한다. 예전에 몽골에서 일부러 내 클리닉을 찾아온 환자가 있었는데, 그는 2년 동안 컵라면을 먹어댄 탓에 우울증이 생겼다. 컵라면이 소화에 안 좋은 것은 두말할 나위도 없고, 2년 동안 같은 음식을 계속 먹는다는 것도 터무니없는 짓이다. 이 환자에게는 "뜨거운 물을 드세요"라고 지도하고 한약만 처방해서 돌려보냈다.

우울증 환자에게 식사를 어떻게 하는지 물어보면 그 식단뿐 아니라 식습관도 문제가 많았다. 가령 일이 늦게 끝나는 날이 많아서 밤늦게 소화에 안 좋은 음식을 먹는 날이 많다. 또 무엇보다 즐겁게 먹지 않는다. 이것은 정말 좋지 않다.

즐겁게 먹어야 좋다는 말이 누군가와 떠들며 먹으면 좋다는 뜻은 아니다. 음식에 집중해서 고마움을 느끼며 먹는다는 의미다. 아유르베다는 식사를 '음식에서 기를 받는 중요한 행위'로 여긴다. 그래서 아유르베다에서는 식사를 할 때 떠들지 않고 조용히 먹는 것이 바람직하다고 한다.

한 손에 잡지를 들고 라면을 먹는 것 같은 행위는 당치도 않은 일이다. 책에 마음을 빼앗겨 음식에 집중할 수 없기 때문이다. 텔레비전을 보며 밥을 먹는 것도 좋은 습관이라고 할 수 없다. 끊임없이 떠들면서 식사하는 것과 똑같아서 먹는 것에 집중할 수 없다.

게다가 (여기가 중요하다) 텔레비전에서 흘러나오는 나쁜 정보를 흡수할 우려가 있다. 뒤에서 자세히 다루겠지만 정보 소화력과 음식 소화력은 연결되어 함께 작용한다. 피곤할 때 텔레비전을 통해 불행한 뉴스나 잔인한 영상을 보게 된다면 교감신경이 긴장하게 된다. 부교감신경이 우위에 설 때 소화력이 가장 잘 기능하므로 이는 반드시 피해야 한다.

자녀 교육을 이유로 식사할 때 텔레비전 시청을 금지하는 가정도 많지 않은가? 교육적 목적 외에도 밥 먹으면서 텔레비전을 보지 않는 것은 소화력을 떨어뜨리는 정보를 볼 위험을 회피하는 데도 도움이 된다.

음식에 집중해야 하는 또 다른 이유는 '왜 지금 이 음식을 먹는가?'를 늘 의식적으로 생각하기 위함이다. 앞에서 설명한 대로 소화력이 떨어질 때는 그에 어울리는 음식과 먹는 방법이 있다. 전날 과음해서 소화력이 떨어졌다고 느낀다면 '가벼운 음식을 먹자', '한 끼를 거를까?'라고 판단하며 몸 상태를 관리한다.

일단 차려놓은 음식을 다 먹으면 소화력이 떨어질 뿐만 아니라 지친 몸도 회복되지 않는다. 자신이 무슨 음식을 먹어야 할지는 직접 판단해야 한다. 그러려면 집중해서 음식과 마주하도록 한다. 이 습관을 들이면 자기 몸 상태에 어울리는 음식을 자연스럽게 찾게 되고, '그 음식이 먹고 싶다'고 느끼게 된다.

4 정보도 소화력이 문제

Digesting power of information.

소화력이 작용하는 것은 '음식'만이 아니라고 말했다. 우리가 오감으로 받아들이는 '정보'에도 소화력이 작용한다. 게다가 음식 소화력과 정보 소화력은 서로 연결되어 있다. 음식 소화력이 약해지면 정보 소화력도 떨어진다. 반대 상황도 마찬가지다.

우리는 날마다 엄청난 양의 정보에 노출된다. 인터넷이 발명되고 보급되면서 인류는 그 어느 때보다 많은 정보 속에서 살아간다. 그 정보를 제대로 소화하면 상관없다. 하지만 소화력이 떨어지면 오자스가 부족해 정보처리에 쓰이는 호르몬과 신경전달물질이 뇌에 공급되지 않는다. 그러면 뇌 기능뿐만 아니라 온몸의 기능이 저하한다.

또한 소화력이 떨어지면 정보를 취사선택해서 효과적으로 활용할 수 없다. 이것이 '정보를 소화하지 못하는' 상태다. 이렇게 되면 인간은 그저 정보의 바다에 빠져서 허우적거릴 뿐이다. 자기 생각을 잘 정리하지 못하고 일이나 공부에서 생각한 만큼 성과를 거두지 못한다. 사소한 일로 짜증과 화를 내며 스트레스에 시달린다. 일은 못 하는데 정신적으로도 상태가 나빠져서 좋은 일이 하나도 없다.

음식 소화력을 개선하려는 노력과 함께 정보 소화력을 개선해야 건강하게 오래 살고 일에도 전력을 쏟을 수 있다. 즉 소화력을 개선하지 못하면 성공적인 삶을 살 수 없다는 뜻이다.

자기에게 맞는
좋은 정보만 엄선한다

Block useless information and selects only good information.

그렇다면 정보 소화력을 높이려면 어떻게 해야 할까? 먼저 쓸데없는 정보를 과감하게 차단한다. 즉 정보량을 줄이는 것이다. 머리가 잘 돌아가지 않는다면, 주말 동안만이라도 텔레비전, 인터넷을 끊도록 하자. 이렇게 하는 것만으로도 몸과 마음을 재정비할 수 있다. 아유르베다에는 일주일에서 한 달 동안 신문, 텔레비전, 음악도 완전히 끊고 지내는 치료법이 있을 정도다.

다음으로 좋은 정보만 엄선해서 흡수한다. 받아들일 정보의 '질'을 높이기 위해 신경 쓴다. 행복한 성공을 거둔 사람과 같이 정말로 주의 깊게 생활하는 사람은 이 점을 철저히 실천한다. 먹는 음식만 주의하는 것으로 끝나지 않고, 받아들일 정보도 잘 선택해서 소화력을 떨어뜨리지 않으려고 하는 것이다.

식사할 때는 텔레비전을 켜지 않고 스마트폰도 만지지 않는다. 남의 험담도 하지 않고, 불평을 늘어놓는 사람과는 거리를 둔다. 유산소운동을 할 때도 자동차 배기가스로 공기가 오염된 곳은 달리지 않는다. 미디어에서 받아들이는 정보는 '비판, 중상모략'보다 '꿈이 있고 아름다운 정보'를 선택한다.

늘 좋은 옷을 입고 좋은 것을 접하며 좋은 음악을 듣는다. 어린 시절에는 록 음악 등 격렬한 음악을 좋아하던 사람도 나이가 들면 클래식 등 차분한 음악을 좋아하게 된다. 이는 자기 소화력에 어울리는 정보를 선택할 수 있게 되었기 때문이다. 이 역시 음식 소화력과 비슷하다. 고깃집에 가면 예전에는 갈비만 먹었는데 이제 고급스러운 안심 한 조각으로 만족한다. 마찬가지로 성숙해지면 정보도 질 좋은 것을 저절로 선택하게 된다.

만원 지하철은 아유르베다 식으로 말하면 '최악'의 환경이다. 극도로 스트레스가 모이고 쌓이는 공간이라서 자신과 주위 사람 모두를 짜증나게 한다. 그곳에 있는 정보는 나쁜 정보뿐이라고 해도 좋을 정도다. 그러니 지하철이 복잡한 시간대를 피해서 조금 일찍 출근하는 것은 성공에도 도움이 될 수 있다.

나는 적어도 거북한 만원 지하철에서 벗어나려고 일터와 가까운 도심부에서 산다. 근무지와 가까워서 만원 지하철로 출퇴

근하지 않아도 된다. 내가 사는 곳은 집세가 비싼 지역이라서 넓은 집에서는 좀처럼 살 수 없다. 그래도 만원 지하철을 타고 직장과 집을 왕복하는 것보다 훨씬 낫다고 생각한다. 같은 이유로 고속철도를 탈 때는 반드시 우등석, 장거리 비행을 할 때는 최대한 비즈니스석을 선택한다.

이런 발상에는 돈이 든다. 하지만 장기적인 성공과 심신의 건강을 진지하게 고려하면 자기 생활에서 바꿔야 할 점이 보이기도 할 것이다. 성공한 사람들은 이런 사소한 습관을 거듭한 끝에 성공을 손에 넣는다.

아유르베다에서는 '나쁘다'고 판단하는 정보를 확실히 밝힌다. '불길한 것을 보면 안 된다', '죄인과 어울려서는 안 된다', '쓰레기장은 부정한 곳이니 보면 안 된다' 등 아주 상세하게 금지한다.

아유르베다는 의학을 다루는데도 '진찰하면 안 되는 사람'을 정해놓고 있다는 점이 독특하다. 예를 들어 '왕을 거스르는 사람은 진료하거나 치료하면 안 된다', '죄인을 치료하면 안 된다' 등 규칙이 있다. 그 정도로 정보 소화력을 중시하는 것이다.

어떤 정보를
흡수하고 있는가?

A surprising change which have taken place for hikikomori.

받아들이는 정보가 달라지면 마음의 병이 호전되기도 한다. 어떤 여성이 집 안에서 은둔하는 아들에 대해 상담을 의뢰했다. 아들은 전철도 타지 못해 외출할 수 없다고 해서 나는 그와 한동안 전화로 이야기하기로 했다. 통원할 수 있을 정도로 회복하자 그는 고민거리를 공책에 적어서 내게 주었다.

그런 아들이 갑자기 편의점에서 아르바이트를 시작했을 때는 깜짝 놀랐다. 아들은 비디오게임을 좋아하는데, 게임소프트웨어를 사고 싶다는 생각이 동기부여를 한 모양이다. 그 상태로 아르바이트를 계속하더니 또 큰 변화가 일어났다. 이번에는 '더는 게임에 흥미가 느껴지지 않는다'는 것이었다. 그 대신에 '일하는 것 자체'에 흥미를 느끼기 시작했다.

일하면서 고객이나 근무지의 점장과 교류하게 되면서 남에게 도움이 될 때의 기쁨을 알게 된 것이 아닐까? 현재 그 아들은 고등학교 검정고시를 봐서 대학교에 진학하기 위해 공부를 하고 있다고 한다. 몇 달 전까지만 해도 은둔형외톨이였는데 눈이 휘둥그레질 정도로 변화되고 성장한 것이다.

아들의 변화는 정보의 변화에서 비롯되었다. 집 안에 틀어박혀 있는 동안 아들은 자기 방에서 게임에 빠져 살았다. 하지만 그런 나쁜 정보만 있는 집에서 뛰쳐나온 다음 아르바이트하는 곳에서 온갖 좋은 자극을 받았다. 이로써 그의 소화력이 높아졌다. 또한 다른 사람들의 자신에 대한 기대감 때문에 자기중요감도 높아져서 은둔형 외톨이에서 벗어날 수 있었다.

자신에게 들어오는 정보 하나로 사람은 이렇게까지 달라질 수 있다. 환경을 바꾸는 것은 쉬운 일이 아니다. 하지만 새롭게 결심해야 할 시기는 누구에게나 있지 않을까?

7 고집이
곧 신뢰가 된다

His persistence becomes a brand.

성공한 사람을 보면 나쁜 정보를 피하고 좋은 정보만 흡수하는데, 이 원칙을 굉장히 엄격하게 지킨다. '고집'이 세다고 말할 수 있을 정도다.

대체로 '이것만큼은 절대로 양보할 수 없다'라고 강하게 고집한다. 누가 어떻게 생각하든 고집을 꺾지 않는다. 접하는 정보를 엄선하는 것은 물론 그 밖에도 '절대 지각하지 않는다', '반드시 약속을 지킨다', '무슨 일이 있어도 거짓말을 하지 않는다'라는 식으로 사소한 일에 고집을 부린다. 다른 사람들 눈에는 조금 이상하게 보일 정도다.

그럼에도 불구하고 성공하는 사람들이 원칙을 고집하는 것은 고집이 '신뢰'로 이어진다는 사실을 알기 때문이다. 다시 말해 고집은 그 사람의 브랜드가 되어 '늘 똑같은 가치를 제공한다'는 신뢰감을 형성한다.

어느 성공한 사람이 이런 이야기를 해준 적이 있다. 프랑스의 에르메스 매장에서 구매한 점퍼를 동네 세탁소에 보냈더니 방수 처리한 부분이 녹았다고 한다. 그 사람은 많이 놀랐지만, 그렇다고 프랑스에 있는 매장까지 다시 찾아갈 수도 없는 노릇이었다. 그래서 자신이 살고 있는 도시의 에르메스 매장에 이야기했더니 비용을 변상해줬다나? 언제 어디서든지 누구에게나 최고의 서비스를 제공하려는 에르메스의 브랜드 정신을 엿볼 수 있는 일화다. 이것이 브랜드이자 신뢰다.

고집이나 신뢰에 대해 말하기는 쉽다. 하지만 끝까지 고집할 수 있느냐 없느냐에서 진품과 짝퉁의 차이가 드러난다. 한 대학 병원의 경우, 예전에는 유명했지만 의료사고를 비롯해 이런저런 불미스러운 일로 의심을 받은 후로 신뢰가 땅에 떨어졌다. 이런 시대인 만큼 오히려 철저히 고집을 지키는 사람은 브랜드가 되고 가치를 인정받는다고 할 수 있다. 노력할 만한 가치는 있을 것이다.

좋은 정보, 좋은 것만 엄선하는 생활을 유지하려면 어느 정도 돈이 든다. 그렇다고 모두가 거액을 내며 고급 레스토랑에 다녀야 하는 것은 아니다. 사람에게는 저마다 지키고자 하는 한 차원

높은 고집이 있을 것이다. 먼저 그 점을 목표로 하자. 자신만의 '고집'을 찾고 만드는 것이다.

그렇게 해서 조금이라도 좋은 것을 알면 더 좋은 것을 알고 싶어진다. 그래서 더 열심히 일해서 돈을 벌고 싶어진다. 그 과정 끝에 성공한 사람의 인생이 있다.

8 성공한 사람들은 자신의 직감을 믿는다

Following your intuition is important having a successful life.

성공한 사람의 '직감력'에 깜짝 놀랄 때가 있다. 논리가 아닌 감으로 모든 것을 꿰뚫어 보는 것 같은 사람도 있다. '사원을 채용할 때 지원자의 이력서 위에 손을 얹고 딱 와닿는 사람을 선택한다'는 경영자가 있었다. 그는 '이력서를 읽어봤자 제대로 알 수 없다'고 말했다. 그럴 바에는 차라리 직감을 믿겠다는 뜻이다.

이 정도로 극단적인 수준은 아니더라도 성공한 사람은 대부분 뛰어난 인재를 순식간에 알아보는 힘을 가지고 있는 듯하다. 또는 반대로 '이유는 모르겠지만 뭔가 이상하다'고 느끼면 그 사람에게는 절대로 다가가려고 하지 않는다. 어쩔 수 없이 만나더라도 될 수 있으면 단시간에 만남을 끝내버린다. 이는 마치 야생

동물이 지진 등 자연재해에 민감하게 반응하는 것과 비슷하다고 할 수 있다.

정보를 모르는 사람이 보면 마치 초능력처럼 믿을 수 없는 이야기일 것이다. 하지만 이런 직감력은 원래 누구에게나 있다. 실제로 눈에 보이지 않아도 인간은 반드시 뭔가를 느낀다.

네덜란드에서 다음과 같은 재미있는 실험을 한 적이 있다. 사람들에게 '건강해 보이는 얼굴과 그렇지 않은 얼굴, 지적으로 보이는 얼굴과 그렇지 않은 얼굴 가운데 얼굴이 어때 보이는 사람을 상사로 선택할 것인가?'를 물은 것이다. 그 결과 많은 사람이 '건강해 보이는 얼굴'을 뽑았다고 한다.

건강해 보이는 얼굴에서는 '혈색이 좋다', '눈이 반짝반짝 빛난다', '입술에 윤기가 돌아 생기가 넘친다' 등의 특징이 나타난다. 쾌활해 보여서 옆에 있어도 편안하고 사람을 소중하게 여길 것 같은 느낌이 드는 얼굴이라고 할 수 있겠다. 그와 비교하면 지적으로 보이는 얼굴은 냉정한 인상을 준다.

피험자들은 얼굴 생김새보다 그 사람이 건강해 보이는지를 본능적으로 판단해서 설문조사에 대답했다는 뜻이다. 확실히 건강하지 못한 사람보다 건강한 사람이 가까이에 있어야 좋은 일이 많이 일어나는 것은 분명하다.

이 실험 결과를 통해 건강이 사람의 인상도 좌우한다는 것을 알 수 있다. 또한 '사람에게는 본능적으로 남을 꿰뚫어 보는 직감력이 있다'는 사실도 알 수 있다.

9 성공한 사람들에게
신기한 일이 일어나는 이유

A successful man believes what the fortune teller says.

이미 말했다시피 나는 한때 자기계발 세미나를 들으러 엄청나게 돌아다닌 사람이다. 거기에는 '일류들을 관찰해서 연구하고 싶다'라는 의도가 있었다. 그래서 알아낸 사실 가운데 하나는 성공한 사람은 '신기한 일'에 감수성이 매우 풍부하다는 것이다.

직감력이 뛰어난 사람들은 이론으로 설명할 수 없는 일이라도 '이거 한번 해보자'라며 순순히 실천한다. 성공한 사람 가운데는 점을 믿는 사람도 꽤 많다. 주목할 점은 그들은 단순히 '점보는 것을 좋아해서 점쟁이를 종종 찾아간다'라는 수준에 그치지 않고 '점쟁이의 말대로 확실히 실행한다'는 점이다. 점쟁이가 "몇 월 며칠에 어느 방향에서 이렇게 하세요"라고 하면 성공한 사람은 정말로 그렇게 한다.

보통 사람들은 그렇게까지 하지 못한다. 비싼 돈을 내고 점을 봐도 실행하지 않는 사람이 태반이다. 아마 점을 반신반의할 것이다.

하지만 이는 매우 이상한 일이다. 자신이 직접 점을 보러 가서 신의 계시를 들었는데 그 말을 따르지 않는다니, 아주 실례되는 일 아닌가! 또 '이렇게 하면 잘된다'라고 한 일을 실행하지 않아서 어중간한 성과만 거두면서도 말은 "성공하고 싶다"라고 하는 것도 참으로 이상한 일이다.

성공한 사람 중에는 꿈에서 계시를 받았다고 말하는 사람도 많다. 신기한 현상을 믿는 사람 곁에는 신기한 일이 자꾸 일어나는 듯하다.

10 건강검진 결과를 맹신하지 않는다

You should try to find a good doctor when you have a medical examination.

건강을 지키기 위해서는 필수라고 하는 건강검진에 대해서도 잠깐 설명하겠다. 먼저 모처럼 건강검진을 받으러 간다면 병원과 의사를 꼼꼼히 살펴서 직접 선택하자. 보통 1, 2년에 한 번씩 건강검진을 받는데, 성공한 사람들은 시간과 돈을 더 들여 종합검진을 받는다.

가령 바륨검사(바륨을 이용하여 식도의 모양과 장에서 이동하는 속도 따위를 검사하는 방법)만 받는 것으로 끝내지 않고 내시경검사도 한다. 게다가 내시경검사를 잘하는 의사를 찾기까지 한다. 바륨검사로는 병의 흔적이 있는지 없는지 정도만 알 수 있을 뿐이다. 위벽 표면의 색 변화 등은 알 수 없어서 암이 발병해도 조기암은 놓칠 수 있다. 그런 점에서 내시경은 위벽을 직접 카메라로 볼 수 있어서 보다 정확하게 암을 발견할 수 있다.

그래도 의사에 따라 내시경검사 실력에 차이가 있을 수 있다. 따라서 좋은 병원의 좋은 의사를 신경 써서 찾는 것이 중요하다.

대학병원 간판이 있다고 안심할 수는 없다. 대학병원에서 일어났던 큰 사건들을 다들 기억할 것이다. 자동차 면허와 달리 의사 면허라는 것은 한 번 취득하면 아무리 질 나쁜 치료를 하거나 사건을 일으켜도 좀처럼 박탈되지 않는다.

그러니 건강진단을 받을 때는 이왕이면 시간을 들여서 평판이 좋은 곳을 끈질기게 찾도록 하자. 한번 찾아내면 계속 그곳에 다니면 된다. 처음에만 고생하면 된다.

11 나이 탓은
그만!

A forbidden word 'old'.

　　"서른다섯 살이 넘으니 쉽게 피곤해진다. 여기저기 안 아픈 데가 없다."

　　"50대라니! 이런 나이에는 조금만 일해도 지친다."

　　이런 근거 없는 억측은 마치 일부러 자신을 세뇌하여 주문을 거는 것과 같다. 이런 생각은 지금 당장 버리자. 쉽게 피곤해지는 것은 나이가 아니라 지치기 쉬운 생활 습관 때문이다.

　　그 증거로 쌩쌩한 고령자도 얼마든지 있지 않은가! '신체 나이'는 훈련으로 바로 줄일 수 있다. 신체 나이란 기초대사량이 어느 나이대인지를 나타내는 것이다. 기초대사량이 떨어지면 신체 나이가 실제 나이를 웃돈다. 그러나 기초대사량은 근육량으로 정해지므로 근육을 단련하면 실제 나이가 40대라도 신체 나이는 20대인 몸이 될 수 있다.

중요한 것은 나이가 들더라도 기분이 먼저 늙어버렸다고 느끼면 안 된다는 것이다. 유산소운동이나 근육 단련 등 적절한 운동을 꾸준히 하면 언제까지나 건강하게 지낼 수 있다. 또한 적절한 소화력을 유지하도록 정보를 선택하는 습관을 들이는 것이 좋다.

노화는 이런 습관을 게을리하기 때문에 일어난다. "이제 나이가 있어서"라며 운동도 하지 않고 음식도 주의하지 않는다면 그 사람은 당연히 더 늙어가게 될 것이다. 그러니 앞으로 '늙었다'는 말은 금지어로 정하자.

"어차피 나한테는 무리다" 같은 포기하는 말, 소극적인 말도 앞으로는 그만하도록 하자. "돈이 없으니 어쩔 수 없다"라는 말도 마찬가지다. 현대인, 특히 젊은 사람들은 뭔가 행동에 옮기는 것을 주저한다. 돈도 열심히 모으려고 하지 않는다. 20대 사이에서 '연금은 언제부터 받을 수 있을까?'가 화제라는 웃지 못할 이야기도 있다. 그런 만큼 해야 할 일을 순순히 실행할 수 있는 사람에게는 커다란 기회다. 이 정도로 경쟁자가 적은 시대도 없을 것이다.

돈이 없는 상태가 불안하면 확실히 돈을 벌 수 있도록 성공을 목표로 삼아야 한다. 그러려면 돈을 부지런히 모으지만 말고 자기 자신에게 투자해야 한다. 그렇게 할 수 있으면 나이가 들어도 몸과 마음 모두 젊은 상태를 유지할 수 있다.

내 클리닉에 다니는 80세의 한 여성은 동작이 빠르고 성격도 시원시원하며 태반주사를 꾸준히 맞기도 해서 외모도 스무 살은 젊어 보인다. 번화가에서 클럽을 운영하는 사람도 있는데, 늘 운전사를 대동해서 최고급 승용차를 타고 근사한 모습으로 통원한다. 그도 70세 전후인데 몸도 마음도 매우 젊다. 전 세계를 돌아다니며 생활하는 그는 가끔 '세계정세는 이렇게 되어간다'며 자기 생각을 정리한 문서를 내게 보내주기도 한다.

두 사람 다 몸이 젊은 것 이상으로 생각도 젊은 것이 인상적이다. '나이가 들었으니 이걸로 됐다'고 포기하는 일이 전혀 없다. '나이에 걸맞다'라는 발상과도 무관하다. 젊다고 생각하므로 늘 건강하게 지낼 수 있고, 건강하니까 취미나 일에도 열중할 수 있다는 뜻이다.

나도 그들을 따라 하고 싶다. 나는 엄청난 자동차 애호가다. 한때는 서킷레이스에 도전하기 위해 새벽 세 시에 일어나는 날도 많았다. 토요일 저녁에 일을 마치면 그때부터 다음날까지 '애마'를 타고 강행군을 이어가기도 했는데, 당시 한 달 주행 거리가 1만 킬로미터에 달했다.

지금도 의사로서 본업 외에도 다양한 일을 하며 취미에도 힘쓴다. 이런 생활은 쉽게 지치는 육체로는 도저히 지속할 수 없다. 하지만 몸과 마음이 건강하면 언제까지나 좋아하는 일, 재미있는 일을 추구할 수 있다. 하면 된다. 앞으로도 새로운 일에 흥미를 느껴서 건강하게 지내기를 바란다. 이러려고 돈도 많이 벌고 싶은 것이다.

12 힘들 때도
웃을 수 있는 힘

You can succeed if you can laugh, even if it is difficult.

성공한 사람은 종종 기부를 한다. 돈이 있으니 당연하다고 생각하기 쉬운데 돈이 없을 때도 없으면 없는 대로 기부해온 사람도 많다.

때로는 우울해지기도 하는 것이 인간이다. 자살을 생각할 만큼 궁지에 몰리기도 한다. 만사가 순조로울 때 기분이 좋은 것은 당연하다. 그런데 성공한 사람은 힘들 때도 웃는다.

그래서 성공한 사람들은 주머니 사정이 여의치 않을 때도 남에게 대접하거나 돈을 줄 수 있다. 보통 돈이 있을 때는 "좋아, 좋아"라며 호기롭게 한턱내지만 돈이 없으면 갑자기 인색해지기 쉽다. 사람은 여유가 없을 때 '본성'이 드러난다. 나도 그런 적이 여러 번 있었는데, 나중에 창피해서 머리를 쥐어뜯었다. 그래도 여전히 그만두지 못하는 것을 보면 아직도 수행이 부족한 듯하다.

성공한 사람은 오히려 중요한 것일수록 남에게 양보하려고 한다. 그것이 상대방을 돕는 행위이기도 하고, '남을 기쁘게 하는' 행위가 자신의 자기중요감을 높인다는 것도 알기 때문이다.

애초에 성공한 사람은 '돈이 없다'라는 생각조차 하지 않는다. 가난한 생활을 감수하는 상황이 되더라도 '돈이 없기 때문'이라고 생각하지 않는다. 세상에서 돈이 사라진 게 아니라서 버는 사람은 돈을 벌기 때문이다. 그저 '어딘가에 있는 돈이 내게 돌아오지 않았을 뿐'이라고 생각하면 남을 위해서 돈을 쓰기도 쉬워진다. 그 돈이 언젠가 자신에게 돌아올 거라고 믿는 것이다.

게다가 성공한 사람은 돈을 버는 방법을 잘 안다. 고급스럽고 호화로운 차를 끌고 내 클리닉에 다니던 한 경영자는 일찍이 파산 직전까지 회사가 기운 적이 있었다고 하는데 "또 땡전 한 푼 없는 상황이 되더라도 괜찮다"라며 웃었다. 돈이 없으면 또 벌면 된다. 실패해도 몇 번이고 다시 일어설 수 있다. 그렇게 생각할 수 있기에 돈에 집착하지 않는다. 성공한 사람의 여유는 이런 데서 비롯될 것이다.

물론 성공한 사람도 때로는 주눅이 들 때가 있다. 뭔가 인생이 잘 풀리지 않아서 우울해질 때가 있는가 하면, 큰 문제에 휘말려서 자신은 이제 끝이라고 절망할 때도 있다. 하지만 그들은 그런 상황에서 벗어나는 방법을 안다. 언제든지 기분 좋은 상태를 유지하려고 노력하는 것이다.

예를 들어 어떤 문제도 이야깃거리를 만드는 과정이라고 생각한다. 문제에 직면했을 때의 태도가 보통 사람들과 다르다. '왜 이렇게 됐을까……'라고 반성하기보다 '뭔가 좋은 방법은 없을까?'라며 일단 해결 방법부터 찾는다. 그러면 괴롭고 힘들 수도 있는 문제 해결 과정이 게임처럼 즐거워진다. 어떻게 해서 이 단계를 해결할지 기대하느라 가슴이 두근거린다.

또 역경을 극복한 이야기만큼 나중에 화제거리가 되는 것은 없다. 이런 습관을 들이면 어떤 문제 상황이든 기쁘게 받아들일 수 있다. 그래도 해결할 수 없는 문제가 남을지 모른다. 돌이킬 수 없는 실패도 있을 것이다. 이때 '실패했다고 해서 그게 뭐?'라고 치부할 수 있다면 다시 한 번 일어설 수 있을 것이다.

Part 3에서 세계를 카메라 여덟 대의 시점으로 바라보는 요령을 소개했다. 카메라 여덟 대의 시점으로 바라보면 아무리 대단한 사람이라도 작은 존재다. 그렇게 생각하면 '자기 일 따위는 아무래도 상관없다'라는 심정이 되어 기분이 가벼워진다. 자신이 어떻게 되든 아무도 신경 쓰지 않는다. 그런 식으로 한번 탁 털어내느냐 마느냐로 인생의 성패가 정해진다.

13

평소에 어떤 말을
하면서 사는가?

Be careful what you wish for.

　"특별히 건강해지지 않아도 된다", "돈도 많이 못 벌어도 괜찮다", "이대로 충분히 행복하다"라고 말하는 사람은 언뜻 보기에 현재 상황에 만족하는 것 같다. 하지만 실은 건강과 돈에 집착할 때가 꽤 많다.

　마음과 달리 그렇게 말하는 것은 자기 합리화일 뿐이다. 원하는 것을 손에 넣지 못하는 괴로움과 원하는 것을 얻으려는 노력을 회피하고자 '건강하지 않아도 된다', '돈이 더는 필요하지 않다'라고 부정하는 것이다. 솔직하지 못한 그들의 마음속에는 돈과 건강 모두를 간절히 갖고 싶다는 생각이 가득하다. 그렇지 않다면 돈이나 건강과 관련한 책이 이렇게까지 잘 팔리는 것이 이상하다.

그런 점에서 성공한 사람은 누구나 솔직하다. '건강해지고 싶다', '돈을 갖고 싶다', '오래 살고 싶다' 등 수많은 욕구를 채우려고 필요한 일을 신속하게 해치운다. 타인의 평가는 신경 쓰지 않는다. 애초에 타인은 자신에게 신경 쓰지 않는다는 것을 알면 주저할 까닭이 없다. 실패해도 방법을 바꿔서 다시 도전하면 된다.

"건강하지 않아도 된다", "돈이 더는 필요하지 않다"라는 식으로 부정적인 말을 반복하다 보면 그것이 잠재의식에 깊이 스며들어 정말로 그렇게 된다. 반대로 긍정적인 말을 잠재의식에 스며들게 하면 꿈이 이루어진다.

특히 요즘 젊은 사람들이 솔직하지 못하고 부정적인 생각만 하는 데는 사회의 영향도 있어 보인다. 본인이 바라지 않더라도 날마다 부정적인 정보들이 쏟아져 들어오는 것이다. 그때 소화불량을 일으키는 것이다.

경제학자는 종종 "젊은 사람이 꿈을 꿀 수 없고 장래에 희망을 품을 수 없어서 저금을 한다"라고 말한다. 그게 정말일까? 꿈과 희망이 없는 사람이 과연 있을까? 영향력이 강한 사람이 그렇게 말하니 젊은 사람도 그렇게 믿는 것이 아닐까?

좋든 나쁘든 믿으면 그것이 현실이 된다. 근거 없는 일이라도 권위 있는 사람이 말하면 믿는 것이 인간의 속성이다. 그래서 '20대는 이렇게 해야 한다'든지, '50대는 이렇다'라고 하면 그대로 믿고, 실제로 그렇게 된다. "앞날이 걱정이다"라고 말하면 걱정한 그대로의 장래가 다가올 것이다. 따라서 우리는 날마다 좋은 정보만 엄선해서 받아들이고, 긍정적인 말을 골라 들으며 입으로 소리 내어 표현해야 한다.

14 자기 머리로 생각하고 스스로 결정한다

Too much is as bad as too little.

과식, 과음, 과도한 업무, 과한 돈벌이…… 뭐든지 지나치면 인생에 해가 된다. 운동뿐 아니라 '몸에 좋다', '인생에 좋다'라고 하는 것도 양에 따라 독이 될 수도 있고 약이 될 수도 있다.

다이어트는 그 전형이라고 할 수 있다. 원래 사람마다 각자의 키에 맞는 적정 몸무게가 있어서 명확한 목표를 설정할 수 있다. 또 각자 다이어트를 하려는 목적이 있을 것이다. 따라서 자신이 설정한 목표 몸무게에 이르면 다이어트를 끝내야 하는데, 살을 빼는 것 그 자체로 목적이 바뀌면 다이어트를 그만둘 수가 없게 된다. 그래서 건강을 해칠 정도로 격하게 살을 빼는 사람이 생기는 것이다.

다이어트는 '열심히 하면 할수록 살이 찔' 위험도 있다는 점에서 무섭다. 당 끊기나 당 줄이기의 효과로도 만족하지 못해서 추가로 열량을 제한하면 확실히 몸무게가 주는 속도는 빨라진다. 그러나 먹는 양이 줄면 인간은 기아 상태에 빠진다. 그러면 몸이 '에코 모드'로 전환되어 근육을 분해해 에너지로 바꾸려고 한다. 그 결과 근육량이 줄어든다. 근육량이 줄면 기초대사가 떨어져서 에너지를 소비하기 어려운 몸이 된다.

이 상태에서 단것에 대한 유혹을 이기지 못하고 먹으면 단번에 요요 현상이 나타난다. 또 다이어트 재개, 또다시 요요……. 이를 반복하면 점점 살찌기 쉬운 체질로 변한다.

근육 단련이나 마라톤도 정도가 지나치기 쉽다. 근육을 단련하는 것은 매우 중요하다. 당 끊기, 당 줄이기를 할 때도 유산소 운동에 근육 단련을 조합하면 효과가 높아진다. 에너지 소비량이 많은 근육을 늘리면 그만큼 지방을 축적하기 어려운 몸이 되기 때문이다. 또 통통한 체형이 근육 단련으로 우락부락해지면 '나도 하면 된다'라는 자신감이 붙는다. 자기중요감을 높이는 효과도 크다.

그러나 적절한 양이라는 것이 있다. 힘든 훈련을 계속하면 활성산소가 증가해서 세포 장애가 일어나고 노화나 각종 병의 원인이 된다. 정신과 의사로서 바라보면 '좀 더 힘들고 괴로운 쪽으로 자신을 몰아넣는 것을 좋아한다' 싶은 사람은 자기 일에 대한 도전이 부족한 사람이 아닐까 싶다.

이런 운동은 남에게는 전혀 도움이 되지 않는다. 그저 자신의 자기중요감만 높일 뿐이다. 이왕이면 건강으로 이어지는 훈련을 해서 가족을 위해서라도 건강하게 오래 살 수 있는 몸을 만들자.

인간은 목적을 잃으면 도가 지나친 행동을 하게 된다. 목적을 잃는 이유는 아마 정보에 휘둘리기 때문일 것이다. 정보 소화력이 충분히 작용하지 않는 것이다.

예를 들어 '고쿄(일왕과 그 가족들이 사는 궁) 달리기'가 유행이라는 말을 들으면 일부러 먼 곳에서 고쿄까지 달리러 가는 사람이 있다. 지금은 고쿄 주변에서 달리는 사람들로 정체가 일어날 정도다.

그런데 애초에 왜 고쿄 주변을 달려야 할까? 다른 어딘가에서 달리면 안 될까? 생각해본 적은 있는가? '몸을 단련해서 건강해지기'가 목적이라면 달리는 장소는 고쿄로 아니라도 상관없을 것이다. 그런데 '유행하니까', '많은 사람이 그렇게 하니까'라는 정보에 휘둘려서 수많은 사람이 고쿄로 모여든다.

의학적으로는 많은 사람이 함께 달리는 것을 그다지 권장하지 않는다. 유산소운동의 철칙은 '적절한 심박수를 지키며 달리는 것'이다. 사람에게는 저마다 자신에게 맞는 속도가 있다. 그러나 집단이 되면 주위에 휩쓸려서 페이스가 흐트러진다. 이래서는 효과적인 유산소운동을 할 수 없다. 모두 함께 달려서 친목을 다지는 것이 목적이라면 상관없지만, 도저히 건강을 증진하려는 목적의 달리기라고는 할 수 없다.

정보에 휘둘리지 않으려면 늘 자기 머리로 생각하는 버릇을 들여야 한다. '무엇을 위해서 나는 이 행동을 하는가?', '정말로 효과가 있을까?', '타인의 의견을 생각 없이 받아들이지 않았는가?' 항상 이렇게 질문하며 살아가야 한다.

남의 의견을 전적으로 믿으면 안 된다. 전문가의 의견이라 해도 그대로 받아들이는 것은 위험하다. 잘 관찰해보기 바란다. 미디어에서 경제를 논하는 경제학자는 뭐든지 꿰뚫어 보는 것 같지만 실상은 무슨 일이 일어난 뒤에 추가로 분석만 할 뿐이다. 앞으로의 경제 경향을 예측할 수 있는 사람은 없다.

여담이지만 의학계도 비슷하다. 옛날에는 면허제가 아니라 누구든지 의사가 될 수 있었는데 면허의 보호를 받는 것도 아니라서 실력 좋은 의사만 살아남았다. 하지만 면허제를 도입한 이후 실력이 없는 의사도 의사 간판을 내걸 수 있게 되었다.

의과대학 연구실에서도 많은 연구 결과가 발표되곤 하는데,

발표를 위한 발표일 때가 많다. 말이 심한 것일 수도 있지만, 예 컨대 100년 전과 비교해 유방암 사망률이 감소하지 않았다는 데이터가 있다. 감기도 서양의학은 여전히 고치지 못한다.

그래도 대체의학 요법으로는 고칠 수 있는 병이 많다. 인플루 엔자든 아토피든 암이든 대체의학 요법으로 낫는 사람은 낫는 다. 암 치료에서는 항암제를 사용한 치료가 중요한 선택지가 된 다. 하지만 항암제는 독성이 강해서 부작용이 나타난다. 게다가 항암제의 유효율은 20퍼센트 정도밖에 안 된다. 나는 '항암제는 듣지 않으니 대체의학이 최고다'라고 말할 생각은 없다. 항암제 의 일정한 효과를 인정한다. 그러나 암 치료의 목적은 암 환자를 치료하는 것이지 항암제를 사용하는 것이 아닐 것이다. 항암제 는 수단일 뿐이다. 수단으로 목적을 완수할 수 없다면 그 수단을 재검토해야 한다.

그래서 나는 '낫는다면 뭐든지 좋다'라는 자세로 클리닉을 운 영한다. 대체의학에 서양의학을 결합해 치료하고 있다. 이것이 목적 지향의 사고이며 '자기 머리로 생각하는' 것이라고 자신 있 게 말할 수 있다.

15 목적의식이 분명하면 인생이 즐거워진다

Instant gratification vs Continuous happiness.

'인내'나 '죄책감'과 같은 감정을 갖는 것은 몸을 망치는 지름길일 수 있다. 그 자체가 스트레스가 되어 면역력이 떨어지고 각종 병에 걸리게 한다. 또 참으면 교감신경이 긴장 상태가 되므로 일에서 벗어난 시간에도 편히 쉴 수 없으며 수면의 질이 떨어진다. 그런데도 인내나 죄책감을 버리려고 하지 않는 사람이 있는 것은 역시 목적을 잃었기 때문이다.

감정만으로 움직이면 목적을 잃게 된다. 그래서 때때로 자기 행동을 돌아보고 '나는 무엇을 위해 이 행동을 하는가?', '이 행동이 정말로 효과가 있는가?', '목적에 어울리는 행동을 선택했는가?' 등을 확인해야 한다.

당 끊기, 당 줄이기를 하다가 참지 못하고 초콜릿을 먹는 경우를 생각해보자. 초콜릿을 먹으면 그 순간 행복한 기분이 들 수 있다. 하지만 그 행복은 순식간에 지나가고 만다. 체지방이 쌓이고 무서운 병에라도 걸리면 자신뿐 아니라 사랑하는 사람에게도 상처를 주게 된다.

이런 생각까지 하고도 그런 행동을 계속하는 사람은 결국 '내 몸은 내 것'이라고만 생각하는 사람일 것이다. 가족이 있으면 '나만의 몸이 아니니 소중히 하자'라고 생각해야 한다. 회사에서 중요한 직책을 담당하는 사람도 마찬가지다. 주위 사람들을 생각한다면 대충 적당히 살 수 없을 것이다.

냉정하게 들리겠지만 병이 걸리는 생활 습관이라는 것을 알면서도 계속하는 사람은 누군가를 위해서 살지 않는 것이 아닐까? 그래서는 아무리 경제적으로 성공하더라도 성공한 사람이라고 할 수 없으며 존경받지도 못한다. 그렇기에 그런 사람은 행복해 보이지 않는다.

이미 소개했듯이 당 끊기나 당 줄이기는 딱히 어려운 비법이 필요하지 않다. 그렇지만 탄수화물이나 당류 등 참아야 하는 것이 있다. 목적의식이 없는 상태라면 그것이 큰 스트레스가 될 것이다.

또는 환자 가운데도 '암을 완치하겠다'라는 명확한 목표가 있지만 의사가 제안하는 식생활 등으로 습관을 바꾸지 않는 사람도 있다. 그런 사람은 애석하게도 "이것도 먹을 수 없다, 저것도 먹을 수 없다"라고 한탄하며 암을 악화시킨다. '누구의 몸을 치료하는 것인가?', '그 치료는 무엇을 위한 것인가?'를 생각한 적이 없는 사람은 이렇게 되고 만다.

그들에게는 당질 제한이나 암 치료가 단순히 인내를 요구하는 것처럼 느껴질 뿐이다. 누구든지 참는 것을 싫어한다. 그래서 도망치려고 한다. 하지만 목적이 있으면 달라진다. 건강한 몸으로 오래 살고 싶고, 일을 계속하고 싶고, 더욱더 인생을 즐기고 싶다고 생각해야 당질 제한도 암 치료도 인내가 아닌 즐거운 도전이 된다.

당신만의 목적이 있으면 인생은 더욱더 즐거워질 것이다. 이 책을 읽고 한 명이라도 더 많은 사람이 '자신의 행복'에 대해 다시 생각해보고 풍요로운 인생을 살기 위해 새로운 도전을 하나라도 더 해보기를 기원한다.

박재영 옮김

서경대학교 일어학과를 졸업했다. 출판, 번역 분야에 종사한 외할아버지 덕분에 어릴 때부터 자연스럽게 책을 접하며 동양권 언어에 관심을 가졌다. 번역을 통해 새로운 지식을 알아가는 데 재미를 느껴 번역가의 길로 들어서게 되었다. 분야를 가리지 않는 강한 호기심으로 다양한 장르의 책을 번역, 소개하고자 힘쓰고 있다. 현재 번역 에이전시 엔터스코리아의 출판 기획 및 일본어 전문 번역가로 활동하고 있다.

옮긴 책으로는 《YES를 이끌어내는 심리술》, 《도해 바보라도 연봉 1억을 받을 수 있다》, 《약은 생각》, 《순식간에 호감도를 높이는 대화 기술》, 《인생은 잇셀프》, 《인생은 지금부터 시작》, 《부자의 사고 빈자의 사고》, 《덴마크 사람은 왜 첫 월급으로 의자를 살까》 등이 있다.

성공한 사람들은 왜 격무에도 스트레스가 없을까
정신과 의사가 밝혀낸 일류들의 비결

초판 1쇄 발행 2019년 9월 6일
초판 2쇄 발행 2019년 9월 16일

지은이 니시와키 슌지
펴낸이 정덕식, 김재현
펴낸곳 (주)센시오

출판등록 2009년 10월 14일 제300-2009-126호
주소 서울 은평구 진흥로67 (역촌동, 5층)
전화 02-734-0981
팩스 02-333-0081
메일 nagori2@gmail.com

편집 김계영
경영지원 염진희
디자인 Design IF

ISBN 979-11-967504-4-2 (03320)